LEKTÜRESCHLÜSSEL
FÜR SCHÜLERINNEN UND SCHÜLER

Georg Büchner
Leonce und Lena

Von Wilhelm Große

Reclam

Dieser Lektüreschlüssel bezieht sich auf folgende Textausgabe:
Georg Büchner: *Leonce und Lena*. Ditzingen: Reclam, 2022
[u. ö.]. (Reclam XL. Text und Kontext. 16134.)
Georg Büchner: *Woyzeck. Leonce und Lena*. Ditzingen: Reclam,
2023 [u. ö.]. (Universal-Bibliothek. 7733.)

RECLAMS UNIVERSAL-BIBLIOTHEK Nr. 15319
2002 Philipp Reclam jun. Verlag GmbH,
Siemensstraße 32, 71254 Ditzingen
Druck und Bindung: Esser printSolutions GmbH,
Untere Sonnenstraße 5, 84030 Ergolding
Printed in Germany 2024
RECLAM, UNIVERSAL-BIBLIOTHEK und
RECLAMS UNIVERSAL-BIBLIOTHEK sind eingetragene
Marken der Philipp Reclam jun. GmbH & Co. KG, Stuttgart
ISBN 978-3-15-015319-2
www.reclam.de

Inhalt

1. Erstinformation zum Werk

Es ist nicht einfach, Zugang zu diesem Lustspiel zu finden, denn es sperrt sich nach einem ersten Eindruck zu sehr gegen alles, was man gemeinhin von einem Lustspiel erwartet.

Büchner sandte *Leonce und Lena* anlässlich eines Preisausschreibens ein, das der Verlag Cotta in Stuttgart Anfang Februar 1836 für das beste neue Lustspiel ausgeschrieben hatte. Er überschritt allerdings die Einsendefrist (1. Juli 1836) und erhielt so sein Manuskript ungeöffnet zurück. Man darf jedoch bezweifeln, ob er es mit seinem Lustspiel – hätte er es termingerecht eingereicht – zum Erfolg oder auch nur zu einem Achtungserfolg hätte bringen können, denn – wie der heutige Leser oder Zuschauer – erwartete auch der Leser oder Theatergänger seiner Zeit anderes von einem Lustspieldichter, als Büchner mit seiner Komödie vorlegte.

Das Stück wurde als ein Ausrutscher Büchners, eine puppenhafte Komödie, ein Rückzug in die Innerlichkeit und als eine melancholisch-schwermütige Nabelschau verurteilt.[1] Es kommt ohne jeden Spannungsbogen aus, ist im wahrsten Sinne des Wortes un-›dramatisch‹, also ohne handlungsauslösenden Konflikt, ohne jede Handlung, ohne Widerspiel und ohne definitives Ende.

Mutet so *Leonce und Lena* als Werk eines so sehr bewunderten Dramatikers und Erzählers (*Lenz*) vielleicht befremdlich an, wird man ihm andererseits aber eine erstaunliche Modernität bescheinigen können, denn Passagen des Stücks muten wie absurdes Theater an, die literarische Satire bedient sich der Montageverfahren des modernen Schauspiels, und die Melancholie Leonces artikuliert einen Da-

Die Modernität der Komödie

seinsekel, der den einer Bühnengestalten des 20. Jahrhunderts vorwegnimmt. Auch der Schluss der Komödie befriedigt nur den nicht, der ausschließlich das übliche Happyend von einer Komödie erwartet, denn so will es die Tradition der Komödie. In Büchners Lustspiel ist dagegen das Ende offen; die Komödie trägt eher Züge der modernen Tragikomödie. Das Ende des Stücks stellt keine Erlösung dar: Auch wenn Leonce und Lena nun miteinander verheiratet sind und damit den üblichen Komödienschluss ›zitieren‹, wird doch am nächsten Tag alles noch einmal beginnen: »[…] morgen fangen wir in aller Ruhe und Gemütlichkeit den Spaß noch einmal von vorn an« (79). Mit diesen Worten entlässt Leonce seine Untergebenen und auch den Zuschauer bzw. den Leser.

Wer bereit ist, das Lustspiel genau zu lesen, wird nicht nur bemerken, dass es ein Feuerwerk des Sprachwitzes enthält, sondern auch Spaßiges und Ernstes mischt, zu sehr ernsthaften Scherzen neigt und immer wieder »Scherz, Satire und tiefere Bedeutung« ineinander mengt.

Ihm wird ebenfalls nicht entgehen, dass Büchner im Gewand eines Lustspiels uns heute noch bedrängende Fragen formuliert und Probleme gestaltet: Fragen nach der Identität angesichts der Automatenhaftigkeit menschlichen Denkens und Handelns, nach einem geglückten Leben innerhalb einer in sich sinnlosen geschichtlich-gesellschaftlichen Welt, nach einem verantworteten Leben in der Gesellschaft, Fragen nach der Erlösung aus einem ästhetischen, der lähmenden Melancholie verfallenen Zustand und schließlich auch Fragen nach einer ›realistischen‹ Literatur, die das Leben trifft und nicht allein um sich selbst kreist. Büchner lässt sein Alter Ego, Lenz, in seiner gleichnamigen Novelle »in Allem – Leben, Möglichkeit des Daseins«, verlangen, und er lehnt die künstlerische Gestaltung von idealistischen Figuren ab, denn seines Erachtens ist »dieser Idealismus die schmählichste Verachtung der menschlichen Natur«. Sie vermag nur »Holzpuppen« (*Werke*, S. 76)[2] zu gestalten. Auch *Leonce und Lena* kann als ein Versuch Büchners gelesen werden, den Menschen zu zeigen, der seine Würde durch den literarischen Idealismus verloren hatte, und sie ihm durch eine realistische Literatur zurückzugeben.

2. Inhalt

Man könnte den ›Plot‹ von Büchners Drama in wenige Sätze fassen:

Der Plot

König Peter vom Reiche Popo beschließt, seinen Sohn Leonce, der sich Valerio, einem Müßiggänger, angeschlossen hat, mit Prinzessin Lena vom Reiche Pipi zu verheiraten, die dieser gar nicht kennt, und ihm die Staatsgeschäfte zu übertragen. Als Leonce von der Absicht seines Vaters hört, flieht er in den Süden, nachdem er sich zuvor seiner Geliebten Rosetta entledigt hat. Ebenso flieht Lena das Königreich ihres Vaters, denn auch sie ist nicht willens, jemanden zu heiraten, den sie nicht kennt.

Der Zufall will es, dass sich Leonce und Lena, begleitet von Valerio bzw. einer Gouvernante, auf ihrer Flucht begegnen und sich spontan ineinander verlieben, ohne zu wissen, wer ihr Partner eigentlich ist, denn beide reisen inkognito.

Valerio organisiert die Rückkehr von Leonce. Der Prinz hat Valerio versprochen, ihn zu seinem Minister zu machen, wenn König Peter seine Zustimmung zu der Hochzeit mit der Fremden gibt.

Im Reiche Popo sind die Vorbereitungen für die Hochzeitsfeierlichkeiten getroffen; es fehlt nur das Brautpaar. König Peter ist bereit, ein Paar von Automaten miteinander zu verheiraten, weil so die Hochzeit von Leonce in effigie zu vollziehen ist. Valerio unterschiebt ihm mit den beiden Automaten den maskierten Sohn Leonce und dessen Geliebte Lena. Nach der Trauungszeremonie demaskieren sich beide und müssen erkennen, dass sie die füreinander bestimmten Menschen sind.

König Popo übergibt die Staatsgeschäfte an seinen Sohn, und Leonce schickt die Anwesenden mit den Worten nach Hause, »morgen [...] in aller Ruhe und Gemütlichkeit den Spaß noch einmal von vorn an[zu]fangen« (79). Lena verspricht er, in seinem Reich »alle Uhren zerschlagen, alle Kalender verbieten« und »Stunden und Monden nur nach der Blumenuhr« zählen zu lassen (79). Valerio ernennt sich selbst zum Staatsminister und will ein Dekret erlassen, »dass wer sich Schwielen in die Hände schafft, unter Kuratel gestellt wird« und »wer sich krank arbeitet kriminalistisch strafbar« (80) ist.

Man könnte die Inhaltsangabe noch knapper fassen: Dann wird das ihr zugrunde liegende Lustspielmotiv noch deutlicher erkennbar. Ein Fräulein und ein Herr fliehen vor erzwungener Heirat und verlieben sich – ohne Wissen – in den vorbestimmten Partner. Am Ende erkennen beide, dass sie füreinander bestimmt sind.

Kurzfassung des Plots

Ein Blick auf die Inhaltsangabe zeigt deutlich, dass die ›Handlung‹ des Stückes auf ein Minimum reduziert ist. Das, was ein Drama zum Drama macht, nämlich der sich aus Ursache und Wirkung zusammensetzende und vorantreibende Prozess von Einzelaktionen, fehlt hier weitgehend. Es scheint, dass sich das Drama nicht von der Stelle bewegt. Am Ende des Stückes verkündet Leonce dem herumstehenden Hofpersonal, man werde morgen alles noch einmal von vorne anfangen lassen. Es scheint keine Progression zu geben, sondern die Handlung scheint einen Kreis zu beschreiben, wobei sich Ausgangs- und Endzustand nicht wesentlich unterscheiden.

Reduktion der Handlung

Will man dahinter kommen, was den eigentlichen Handlungskern des Stückes ausmacht, wird man ihn woanders suchen müssen als in einer sich fortbewegenden, von den Akteuren gesteuerten und vorangetriebenen Handlungskette, in der ein Glied sich in das andere fügt.

Handlung ist in diesem Drama vor allem Redehandlung, jedoch weniger auf ein Gegenüber ausgerichtetes und dieses durch das Gesagte beeinflussendes Reden, sondern eher monologische Rede.

Erster Akt

Erste Szene. Leonce ruht auf einer Bank und spricht mit dem Hofmeister, der sein Erzieher ist und ihn auf den Beruf als Staatsmann vorbereiten will. Leonce weist das pädagogische Ansinnen des Hofmeisters zurück mit dem Hinweis, »alle Hände voll zu tun« zu haben, und zählt auf, welchen Tätigkeiten er bereits nachgegangen ist: Er hat dreihundertfünfundsechzigmal hintereinander auf einen vor ihm liegenden Stein gespuckt, hat tagelang die Anzahl der Sandkörner geschätzt, die auf seinem Handrücken liegen geblieben sind, nachdem er den Sand in die Luft geworfen hatte. Sein Ideal wäre es, sich selbst auf den Kopf sehen zu können; gelänge ihm das, wäre ihm geholfen. So aber fühlt er sich traurig, als »Müßiggänger«, den die schon seit drei Wochen von Westen nach Osten ziehenden Wolken »melancholisch« stimmen (44).

Leonce langweilt sich

Leonce entlässt den Hofmeister, der ihm nicht widerspricht, streckt sich auf der Bank aus und monologisiert vor sich hin, bis Valerio, »etwas betrunken« (44), auftritt, sich

2. INHALT **11**

vor den Prinzen stellt und diesen anstarrt. In
seinem Monolog schließt Leonce nochmals
an seine Feststellung an, er sei ein Müßiggänger. Müßiggänger sind aber für ihn alle Men-

Leonce trifft auf Valerio

schen, sie langweilen sich, auch Helden, Genies, Heilige und
Sünder sind in Wirklichkeit nur »raffinierte Müßiggänger«
(ebd.). Leonce leidet darunter, dass er dies durchschaut, und
wünscht sich, ein anderer zu sein: »Wer einmal jemand anderes sein könnte!« (ebd.).

Valerio spricht Leonce an und stellt sich ihm vor: Er ent-
puppt sich als jemand, der auch Idealen nachjagt, allerdings
ist sein Ideal ein Stück Rindfleisch; auch er pflegt den
Müßiggang.

Leonce ist von Valerio begeistert, er umarmt ihn am Ende
der Szene, denn auch dieser ist jemand, der »eine ungemeine Fertigkeit im Nichtstun« entwickelt hat und eine »ungeheure Ausdauer in der Faulheit« (46) besitzt.

Zweite Szene. Während er von zwei Kammerdienern angekleidet wird, philosophiert König Peter vor
sich hin und kommentiert zugleich die Ankleideszene. Als er einen Knopf im Schnupf-

Ankleideszene

tuch entdeckt, versucht er sich zu erinnern, woran ihn dieser Knopf im Schnupftuch erinnern sollte. Als ihm ein Diener meldet, der Staatsrat habe sich versammelt, meint Peter,
der Knopf habe ihn daran erinnern sollen, dass er sich an
sein Volk hätte erinnern wollen.

Die Szene wechselt vor den Staatsrat; Peter tritt vor den
Rat, weiß aber nicht mehr, wovon er sprechen wollte, und
hebt daraufhin die Sitzung auf.

Dritte Szene. In einem reich geschmückten Raum trifft bei Kerzenlicht und gedämpfter Musik Leonce auf seine Geliebte Rosetta und nimmt von ihr Abschied. Er gesteht, dass er sich langweile, weil er sie liebe; aber er liebe seine Langeweile wie sie. Rosetta fordert Leonce auf, sie anzusehen. Leonce weigert sich, sie auch nur eines Blickes zu würdigen, weil »um ein klein wenig« seine »liebe Liebe wieder auf die Welt« (51) kommen könnte. So entfernt sich Rosetta traurig, und Leonce monologisiert erneut über das »sonderbare Ding«, die Liebe, und fragt sich, »wie viel Weiber« man nötig habe, »um die Scala der Liebe auf und ab zu singen« (52). Er ist von sich selbst angeödet: »Mein Leben gähnt mich an, wie ein großer weißer Bogen Papier, den ich vollschreiben soll, aber ich bringe keinen Buchstaben heraus. [...] O ich kenne mich, ich weiß, was ich in einer Viertelstunde, was ich in acht Tagen, was ich in einem Jahre denken und träumen werde. Gott, was habe ich denn verbrochen, dass du mich, wie einen Schulbuben, meine Lektion so oft hersagen lässt?« (ebd.).

Während Leonce sich selbst bei seinem Monologisieren zuhören will, kommt Valerio unter einem Tisch hervor, wo er ein Stück Braten aus der Küche und »etwas Wein« (52) verzehrt. Valerio hat Leonces Monolog gehört und meint, seine »Hoheit« sei »auf dem besten Weg, ein wahrhaftiger Narr zu werden« (ebd.). Das Schmatzen Valerios weckt in Leonce die Lust, »wieder mit dem Einfachsten an[zu]fangen, ich könnte Käs essen, Bier trinken, Tabak rauchen« (53). Aber dieser Wunsch hält nicht lange vor, und er will Valerio verprügeln, weil er durch dessen »schlagende Antwort« eine »große Passion« verspürt, diesen »zu prügeln« (ebd). Valerio flieht vor den Schlägen Leonces. Leonce wird

Leonces Abschied von Rosetta

daran gehindert, Valerio zu verfolgen, weil er über seine eigenen Beine stolpert und der auftretende Staatsrat ihn von der weiteren Verfolgung abhält.

Der Präsident des Staatsrates verkündet dem auf dem Boden sitzenden Leonce, dass »man der zu erwartenden Ankunft von [Seiner] Hoheit verlobter Braut, der Durchlauchtigsten Prinzessin Lena von Pipi, auf morgen sich zu gewärtigen habe«, davon lasse »Ihro Königliche Majestät« Leonce unterrichten, und er fügt hinzu, dass »an dem Tage der Vermählung« der König »seine allerhöchsten Willensäußerungen in die Hände« (54 f.) seines Sohnes legen wolle.

Zwar äußert sich Leonce gegenüber dem Präsidenten, dass er »alles tun werde, das ausgenommen, was [er] werde bleiben lassen« (55); aber sobald er wieder allein ist, gesteht er ein, dass er vom Heiraten nichts hält: »Heiraten! Das heißt einen Ziehbrunnen leer trinken« (56). Valerio meint, König zu werden sei doch »eine lustige Sache« (ebd). Leonce aber findet weder an dieser Idee Gefallen noch daran, »was anderes [zu] treiben« (ebd.). Er mag weder Gelehrter, Held oder Dichter werden, auch nicht – wie Valerio vorschlägt – ein »nützliches Mitglied der menschlichen Gesellschaft« (57). Leonce will stattdessen lieber seine »Demission als Mensch geben« (ebd.). Valerio schlägt gerade noch vor, doch »zum Teufel [zu] gehen« (ebd.), als Leonce vom Boden aufspringt und spontan beschließt, mit Valerio in den Süden zu ziehen.

> *Leonces Widerwillen gegen die geplante Heirat*

Vierte Szene. In einem Garten hält sich mit ihrer Gouvernante Prinzessin Lena auf. Sie trägt bereits Brautschmuck, aber sie leidet, wie aus dem Gespräch mit der Gouvernante

Lenas Wider-
willen gegen die
geplante Heirat

hervorgeht, darunter, dass man mit der er-
zwungenen Heirat »einen Nagel durch zwei
Hände« schlage, »die sich nicht suchten«
(58). Sie kommt sich vor wie ein Opfer-
lamm, über dem der Priester bereits das
Messer hebe, und fährt fort: »Mein Gott, mein Gott, ist es
denn wahr, dass wir uns selbst erlösen müssen mit unserem
Schmerz? Ist es denn wahr, die Welt sei ein gekreuzigter
Heiland, die Sonne seine Dornenkrone und die Sterne die
Nägel und Speere in seinen Füßen und Lenden?« (59).

Die Gouvernante kann den Schmerz der Prinzessin nicht
länger mit ansehen und bedeutet ihr, dass sie wohl einen
Ausweg aus der qualvollen Situation wisse.

Zweiter Akt

Leonce und
Valerio auf
der Flucht
in den Süden

Erste Szene. Valerio und Leonce sind geflo-
hen und auf einem freien Feld angelangt, in
dessen Hintergrund sich ein Wirtshaus
befindet. Leonce gesteht Valerio, dass er
das Ideal eines Frauenzimmers in sich trage,
welches er nun suchen müsse.

Zufälliges
Zusammentreffen
Leonces
und Valerios
mit Lena und der
Gouvernante

Zweite Szene. Während Valerio noch über
die Vorsehung und seinen Lebenslauf ›philosophiert‹, erreichen auch die Prinzessin
und die Gouvernante das freie Feld. Beide
Gruppen treffen schließlich auf einer An-
höhe im Garten des Wirtshauses aufeinan-
der, genau in dem Augenblick, als Valerio
gegenüber Leonce äußert, ihm komme die

Erde und das Wasser da unten wie ein Tisch vor, auf dem Wein verschüttet sei: »Wir liegen darauf wie Spielkarten, mit denen Gott und der Teufel aus Langeweile eine Partie machen, und [gegen Leonce gewandt] Ihr seid ein Kartenkönig, und ich bin ein Kartenbube, es fehlt nur noch eine Dame, eine schöne Dame, mit einem großen Lebkuchenherz auf der Brust und einer mächtigen Tulpe, worin die lange Nase sentimental versinkt« (64). Genau in diesem Augenblick werden Leonce und Valerio der Gouvernante und der Prinzessin gewahr. Die wenigen Worte, die Leonce vor sich hin träumend äußert, nehmen Lena schon gefangen. Sie hört ihm ängstlich sinnend zu. Leonce ist wiederum von der Stimme Lenas ganz eingenommen, die nur ihre Gouvernante gefragt hatte, ob denn der Weg so lang sei, was Leonce aufgreift und in die Bemerkung überführt, das Leben sei ein »schleichend Fieber« und »für müde Füße jeder Weg zu lang« (65).

Dritte Szene. Lena schwärmt der Gouvernante gegenüber von Leonce, dessen Traurigkeit sie berührt. Sie glaubt, ihm als jemandem begegnet zu sein, der den »Frühling auf den Wangen, den Winter im Herzen« (66) trage. Trotz des Versuchs der Gouvernante, sie zurückzuhalten, stürzt Lena in den Garten.

Vierte Szene. Hier im Garten trifft Lena in der Nacht auf Leonce. Ihr Reden verschlingt sich ineinander. Lena spricht davon, dass der Tod der seligste Traum sei; Leonce greift diese Formulierung auf und bietet sich Lena als Todesengel an. Leonce küsst die »schöne Leiche« (68), Lena springt auf und entfernt sich. Leonce wiederum, überglücklich, will sich, um das Glück des gerade durchlebten Augenblicks festzuhalten, in den Fluss stürzen. Valerio, der sich die ganze Zeit in einiger Entfernung von dem Liebespaar aufgehalten hat, hält Leonce von seinem Sprung in den Fluss ab und kommentiert das von ihm beobachtete Geschehen als »Lieutenantsromantik« (68), nachdem er schon zuvor den verliebten Leonce einen »Narr« (66) genannt hat.

Leonces Selbstmordversuch

Dritter Akt

Erste Szene. Leonce hat Valerio eröffnet, er sei gesonnen zu heiraten. Heiraten will er natürlich Lena, die nur weiß, dass sie ihn liebt, aber von seiner gesellschaftlichen Position keinerlei Kenntnis hat. Leonce weiß ebenfalls nicht mehr über Lena. Valerio ergreift die Gelegenheit und verspricht Leonce, dass er noch am selben Tage vor seinem »Vater mit der Unaussprechlichen, Namenlosen, mittelst des Ehesegens zusammengeschmiedet« (70) werde, wenn er dafür ihn zum Minister mache. Leonce gibt darauf sein Wort. Valerio sieht sich bereits als Staatsminister Valerio von Valerienthal.

Zweite Szene. Auf einem freien Platz vor dem Schloss des Königs Peter haben sich der Landrat, der Schulmeister und Bauern, Tannenzweige in den Händen haltend, versammelt. Landrat und Schulmeister studieren mit den Bauern, die zur Feier des Tages ihren Sonntagsputz angelegt haben, das Vivat-Jubeln für die bevorstehende Hochzeit ein, denn das Zeremoniell bzw. Programm sieht vor: »Sämtliche Untertanen werden von freien Stücken reinlich gekleidet, wohlgenährt,

Vorbereitungen der Hochzeit

und mit zufriedenen Gesichtern sich längs der Landstraße aufstellen« (71).

Dritte Szene. Wie die Bauern vor dem Schloss finden sich in einem großen Saal im Innern »geputzte Herren und Damen sorgfältig gruppiert« (72). Man wartet schon seit längerer Zeit auf das Hochzeitspaar, doch das lässt sich nicht blicken. Bediente sind an die Fenster des Saales abgeordnet worden, um zu melden, wenn sie Prinz und Prinzessin sehen. König Peter befürchtet, sich angesichts der Situation zu kompromittieren: seinen Beschluss, sich an dem Tag der Vermählung seines Sohnes zu freuen, nicht ausführen zu können. Der Präsident wiegelt die Bedenken des Königs ab, schließlich sei ein »königliches Wort« ein »Ding, – das nichts ist« (74). Endlich beobachtet der am Fenster postierte erste Bediente, dass vier Personen über die Landesgrenze des überall einsehbaren und überschaubaren Liliput-Königreiches schreiten. Bald darauf betreten Valerio, Leonce, die Gouvernante und Lena, alle maskiert, den Saal. Valerio kündigt das maskierte Brautpaar als die zwei weltberühmten Marionetten an: »Nichts als Kunst und Mechanismus, nichts als Pappendeckel und Uhrfedern!« (76).

> Das Automatenpaar

Angesichts dieses Automatenpaares kommt König Peter plötzlich die Idee, das Versprechen, seinen Sohn zu verheiraten, durch eine Hochzeit »in effigie« (77) einzulösen. Auf die maskierten Leonce und Lena deutend, verkündet er:

> Die Hochzeit »in effigie«

»Wir feiern die Hochzeit in effigie. Das ist der Prinz, das ist die Prinzessin. Ich werde meinen Beschluss durchsetzen, ich werde mich freuen. Lasst die Glocken läuten« (ebd.). Der Hofprediger vollzieht daraufhin die Trauzeremonie,

Leonce und Lena sagen ihr Jawort. Dann nimmt Leonce seine Maske ab. Alle Umstehenden erkennen in ihm den Prinzen. König Peter ruft entsetzt aus: »Mein Sohn! Ich bin verloren, ich bin betrogen!« (78). Er will wissen, wer die Prinzessin ist. In diesem Augenblick nimmt die Gouvernante Lena die Maske ab und ruft »triumphierend« aus: »Die Prinzessin!« (ebd.). Leonce vergewissert sich, ob sein Gegenüber Lena sei, wie sich Lena ihres Leonce als Gegenüber vergewissert. »Ich bin betrogen«, stellen beide gleichlautend fest, und interpretieren dann das ihnen Widerfahrene als »Zufall« (Lena) oder »Vorsehung« (Leonce). Valerio kommentiert: »Ich muss lachen, ich muss lachen. Eure Hoheiten sind wahrhaftig durch den Zufall einander zugefallen; ich hoffe, Sie werden, dem Zufall zu Gefallen, Gefallen aneinander finden« (ebd).

Die Demaskierung

König Peter ist gerührt, weiß sich vor lauter Rührung kaum zu helfen und begibt sich, um ungestört denken zu können, in den Ruhestand, nachdem er zuvor noch feierlichst die Regierung in die Hände seines Sohnes gelegt hat.

Zukunftspläne

Leonce befreit zunächst alle Umstehenden aus ihren Diensten, um nicht länger ihre »Standhaftigkeit« (79) auf die Probe stellen zu müssen, er erlaubt ihnen, nach Hause zu gehen, um dann am darauf folgenden Tag »in aller Ruhe und Gemütlichkeit den Spaß noch einmal von vorne« anzufangen (ebd.). Lena schlägt er vor, das Ländchen mit Brennspiegeln zu umstellen, damit es keinen Winter gibt. Und den Puppen und dem Spielzeug, von denen sie die Taschen voll haben, wollen sie »Fräcke anziehen und sie infusorische Politik und Diplomatie treiben lassen« (79). Valerio wird Staatsminister, und ein Dekret soll jeden, der sich Schwielen in die Hände schafft, unter Kuratel stellen. Er selbst freut sich darauf, im Schatten zu liegen und Gott zu bitten um »Makkaroni, Melonen und Feigen, um musikalische Kehlen, klassische Leiber und eine komm⟨o⟩de Religion« (80).

3. Personen

Keine
Individualisierung
der Figuren

Man sucht in *Leonce und Lena* vergeblich nach Personen, die individualisiert sind. Sie scheinen nicht zu leben. Es scheint sogar, als könne man Büchners Kritik an dem Idealdichter auf ihn selbst beziehen:

»Was noch die sogenannten Idealdichter anbetrifft, so finde ich, daß sie fast nichts als Marionetten mit himmelblauen Nasen und affektiertem Pathos, aber nicht Menschen von Fleisch und Blut gegeben haben, deren Leid und Freude mich mitempfinden macht, und deren Tun und Handeln mir Abscheu oder Bewunderung einflößt« (Brief an die Familie, 28.7.1835, *Werke*, S. 272f.).

Alle Figuren sind typenhaft bzw. durch überzeichnete Eigenschaften herausgehoben. Das Personenregister führt

Typen

die Personen mit einigen Ausnahmen sogar als Typen ein: der Präsident des Staatsrats, der Hofprediger, der Hofmeister, der Landrat, der Schulmeister, der Zeremonienmeister, Staatsräte, Bauern, Bediente usw. Sie alle sind nach ihrer Profession und damit nach ihrer gesellschaftlichen Rolle benannt. Die einzigen Ausnahmen sind: Leonce, Lena, Valerio, Rosetta und König Peter. Aber weder bei König Peter kann man von einem individuell profilierten Charakter sprechen noch bietet sich dies letztlich für die Titelfigur, deren Diener Valerio oder Lena und Rosetta an. All diese

Keine
Psychologisierung

Figuren gewinnen ihr jeweiliges Profil durch Kontraste zu den anderen Figuren; erst die Konstellation verleiht ihnen ihre Züge, die aber keine individuellen Züge sind. Keine Figur ist psychologisch glaubhaft durchgestaltet, keine dieser Figuren entwickelt sich. Sie sind ohne innere Konflikte; sie kennen keine Konflikte untereinander, die zur Versöhnung oder Katastrophe führten. Keine der Figuren lernt im Laufe des Stückes hinzu oder ist erkennbar handlungstreibend oder -gestaltend.

Die Figurenanlage, ihre Verkürzung auf das Typenhaft-Funktionsbestimmte und die Namenlosigkeit verweisen deutlich auf jene Anregungen, die Büchners Komödie durch die italienische Commedia dell'arte erfuhr. Hinter König Peter verbirgt sich der Pantalone, der einfältige Vater; wenn der Schulmeister etwas geschwätziger wäre, erinnerte er noch mehr an den schwatzhaften Dottore; Arlecchino, der pfiffige, wortgewandte Diener, taucht in der Gestalt von Valerio wieder auf; Lena und Rosetta sind Abwandlungen der Columbine bzw. Smeraldina.

Einfluss der Commedia dell'arte

Die Personenkonstellation ist sehr einfach. Zum einen gruppiert sich eine Fülle von Personen um König Peter, angefangen vom Präsidenten des Staatsrats über Staatsräte, Landrat, Zeremonienmeister, Bedienstete, Schulmeister und die beiden Polizeidiener bis hin zur untersten sozialen Schicht des Duodezfürstentums, zu den Bauern. Neben diese hierarchisch klar gegliederte Gruppe des feudalen Staates mit dem König, seinem Verwaltungsapparat, den bürgerlichen Handlangern (Schulmeister und Landrat) und den Bauern treten zwei einander zugeordnete, spiegelbildlich zusammengesetzte Gruppen: Leonce und sein Diener Valerio auf der einen, Lena und die Gouvernante auf der anderen Seite. Zur symmetrischen Anlage dieser

Personen- konstellation

beiden Gruppen hätte zwar, der Tradition der Commedia dell'arte oder Shakespeares folgend, gehört, dass am Ende des Stückes zwei Liebespaare zustande gekommen wären: Leonce und Lena und Valerio und die Gouvernante, aber Büchner verzichtet auf die Ausgestaltung des klassischen, in der Komödientradition verankerten Buffopaares (des Dienerpaares und seines ›Liebes‹verhältnisses) als Spiegelung des Zusammentreffens der Hauptfiguren, indem Valerio sich nicht mit der Gouvernante verbindet, sondern sie im Gegenteil sogar verbal bekämpft.

Die beiden ›Königskinder‹, die sich fliehen, aber dann doch zufällig oder schicksalhaft finden, sind einander schon von den Namen her zugeordnet. Leonce entstammt dem Reiche Popo, Lena dem Reiche Pipi. Leonce und Lena gehören auch von der Alliteration ihrer Namen her zusammen. Sie finden zueinander, weil sie einander verstehen. Ebenfalls verstehen sich auch Leonce und Valerio. Sie bilden zueinander ein Komplementärverhältnis, indem jeweils der eine des anderen idealistisches bzw. materialistisches Gegenstück ist.

König Peter. »Der Mensch muss denken und ich muss für meine Untertanen denken, denn sie denken nicht, sie denken nicht« (47). Mit diesen Worten betritt König Peter vom Reich Popo die Bühne und charakterisiert sich mit dieser Äußerung sogleich selbst: Er, der König, muss denken; Denken ist das, was der Mensch muss. Wenn er für seine Untertanen denken muss, bedeutet das, dass seine Untertanen eigentlich keine Menschen sind, denn sie denken nicht. Stellvertretend muss er also für sie denken.

Die ersten Worte zeigen sofort das Verhältnis des Königs zu seinen Untertanen: Sie sind nichts, der König ist alles. Er ist die Substanz. »Die Substanz ist das an sich, das bin ich« (ebd.), so fährt bezeichnenderweise auch der König während der Ankleideszenen in seinem Monolog fort, und während er dies noch sagt, läuft er »fast nackt im Zimmer« (ebd.) vor seinen beiden Kammerdienern herum. Das, was er sagt, desavouiert sich sogleich durch das Auftreten des fast nackten Königs. Als müsse er seinen Gedanken systematisch weiterspinnen, verfällt er darauf, die Ankleideszene und die Ankleidestücke unter eine philosophische Terminologie zu bringen (»Attribute, Modifikationen, Affektionen und Akzidenzien«, ebd.), gerät dann aber in eine heillose Konfusion, weil zwei Knöpfe zuviel zugeknöpft sind und sich die Dose in der rechten Tasche befindet. So ist sein ganzes System plötzlich »ruiniert« (ebd.). Vollends macht ihn konfus, dass er zwar in seinem Schnupftuch einen Knoten findet, aber sich nicht erinnern kann – und auch die Kammerdiener können ihm dabei nicht behilflich sein –, woran ihn dieser Knoten erinnern sollte. Da just in diesem Augenblick ein Diener erscheint, um anzukündigen, dass sich der Staatsrat versammelt habe, fällt König Peter schließlich ein, dass er den Knoten in das Schnupftuch gemacht habe, um sich an sein Volk zu erinnern (ebd).

In seinem ersten Auftritt wie in allen späteren ist Peter eine komische, ans Absurde grenzende Figur. Als König ist er ein Nichts; sein Volk existiert nicht für ihn. Es scheint, er, der von sich sagt, er müsse für sein Volk denken, muss daran erinnert werden, an das Volk zu denken.

Seine Denkschritte sind Zwangshandlungen; sein Denken bewegt sich im Kreis und bleibt tautologisch: »An Sich ist an sich« (ebd). Was er sagt, lautet so, als solle es logisch klingen. So verknüpft er seine Gedanken: »Ich muss für meine Untertanen denken, *denn* sie denken nicht« (ebd.). Wiederholungen sind für sein Sprechen bezeichnend. Weder Erinnern noch Denken geschehen unmittelbar und spontan, sondern sind gekünstelte, schweißtreibende Tätigkeiten und wirken darum lächerlich. So wie er erzwungen denkt, will er auch seine Freude herbeizwingen (77). Er hat den Beschluss gefasst, dass Seine »königliche Majestät sich an diesem Tag freuen« (73 f.) soll. Schließlich lässt er seinen Staatsrat wissen, er habe den Entschluss gefasst, seinen Sohn zu verheiraten und ihm seine Herrschaft zu übertragen, um sich selbst zurückziehen und damit ganz »ungestört« (78) dem Denken hingeben zu können.

Vor allem durch den Habitus, den König Peter annimmt, und die Art, wie Büchner seinen König sprechen lässt, zieht er den absolutistischen König und das absolutistische Königtum – hier ins Miniaturhafte verkleinert – ins Lächerliche. Wie einst Ludwig der XIV. von Frankreich sagte, »L'État, c'est moi«, lässt Büchner seinen Ableger eines absolutistischen Königs im Kleinformat formulieren: »Ich bin ich« (48). Die Denkhaltung Peters wird durch die stilisierte Haltung karikiert. Immer dann, wenn er ›denkt‹, nimmt er folgende Pose ein: Er »legt den Finger an die Nase« (ebd., vgl. auch 77). Zugleich schwankt er hin und her zwischen »langem Besinnen« (ebd.) und einer gewissen ›Rührseligkeit‹ (»mit Rührung«, ebd.).

Er, der eigentlich ein Nichts ist, gibt sich die Gravität durch ein feierliches Schreiten. Er wird, was er eigentlich nicht ist, erst durch das Zeremoniell, wie die Ankleideszene aus dem fast nackten Menschen einen König macht. So wenig wirklich ›substanziell‹ das ist, was von ihm als der »Substanz« (47) ausgeht, so wenig sind seine Worte oder Gedanken wichtig. »Ein königliches Wort ist ein Ding, – ein Ding, – ein Ding, – das nichts ist« (74). Zwar versucht der Präsident in seiner ihm eigenen Dummheit und Servilität, König Peter mit diesen Worten zu trösten, sagt damit aber eigentlich die Wahrheit. Auch die »andern Majestäten« (ebd.) halten nicht ihr Wort, auch deren Worte sind ein Nichts, wie es wohl in verdeckter Anspielung auf die Versprechen der absolutistischen Herrscher in der nachnapoleonischen Zeit, ihrem Land eine Verfassung zu geben, heißt.

König Peter ist die Karikatur eines deutschen Duodezfürsten des 19. Jahrhunderts. Er, König vom Reiche Popo, regiert ein Fürstentum, das so klein ist, dass seine Diener vom Fenster des Großen Festsaals aus die Bewegungen innerhalb des ganzen Reiches beobachten können.

Karikatur des deutschen Duodezfürsten

Sie haben die Grenzen des Reiches voll im Blick und können sogar sehen, wie ein Hund, der seinen Herrn sucht, durch das Reich gelaufen ist (73). Die Aussicht aus dem Großen Festsaal, die – wie es in einem Wortspiel heißt – »strengste Aufsicht« (ebd) gestattet, erlaubt sogar, einen Spaziergänger an der Nordgrenze des Reiches zu sehen (ebd). Das Reich König Peters ist aber nur ein Reich unter vielen gleich großen bzw. kleinen Reichen, wie man der Aussage Valerios gegenüber Leonce entnehmen kann: »Wir sind schon durch ein Dutzend Fürstentümer, durch ein halbes Dutzend Großherzogtümer und durch ein paar Königreiche gelaufen und das in der größten Übereilung in einem halben Tage« (60f.).

Der König existiert nur durch die dümmliche Ergebenheit der Untertanen, die selbst so wenig lebendig sind wie er. Sie alle fungieren als Automaten, sowohl der Staatsrat, der Zeremonienmeister, der Präsident und all die Bediensteten am Hofe. Keiner wagt den Widerspruch, nicht einmal ansatzweise zeigt sich ein rebellischer Zug bei ihnen. Sie reden dem König nach dem Mund, und er selbst monologisiert vor sich hin und sucht allenfalls Bestätigung dessen, was er gesagt bzw. gedacht hat. Der Staat ist ein dekadentes Puppenreich, wie es treffend, aber unwillentlich der Zeremonienmeister beschreibt: »Es ist ein Jammer. Alles geht zu Grund. Die Braten schnurren ein. Alle Glückwünsche stehen ab. Alle Vatermörder legen sich um, wie melancholische Schweinsohren. Den Bauern wachsen die Nägel und der Bart wieder. Den Soldaten gehn die Locken auf. Von den zwölf Unschuldigen ist keine, die nicht das horizontale Verhalten dem senkrechten vorzöge. Sie sehen in ihren weißen Kleidchen aus wie erschöpfte Seidenhasen und der Hofpoet grunzt um sie herum wie ein bekümmertes Meerschweinchen. Die Herrn Offiziere kommen um all ihre Haltung« (72).

| Puppenreich |

Das Fürstentum ist erstarrt, ein Marionettentheater lebloser Figuren, die an Fäden gezogen werden oder an Fäden ziehen. Wenn Leonce am Ende sagt, er und Lena hätten »die Taschen voll [...] Puppen und Spielzeug« (79), so sagt er damit nur – so könnte man diese Aussage deuten –, dass auch das neue Reich eines Leonce wie das Reich Peters aussehen wird, bevölkert von Puppen, denen Schnurrbärte gemacht werden und die mit Säbeln behangen sind. Ihnen wurden Fräcke angezogen, und sie treiben eine infusorische Politik und Diplomatie. Valerio hatte bereits früher davon gesprochen, dass er aus lauter Schamhaftigkeit auch den »inneren Menschen bekleiden und Rock und Hosen inwendig anziehen« (62) wolle. Das gesellschaftliche Leben ist demnach nichts als ein Rollenspiel, das Leben eine Szenerie, von Automaten bevölkert. Was bei der Darstellung des Hofes und durch die Szene mit den das Vivat einübenden Bauern ausgespielt wird, ist eine kritische Spitze gegen das Duodezfürstentum und seine Vertreter in Deutschland. Wesentlich schärfere Töne hatte der *Hessische Landbote* gefunden. Aus ihm seien darum einige Passagen zitiert:

»Das Leben der Vornehmen ist ein langer Sonntag, sie wohnen in schönen Häusern, sie tragen zierliche Kleider, sie haben feiste Gesichter und reden eine eigene Sprache; das Volk aber liegt vor ihnen wie Dünger auf dem Acker. Der Bauer geht hinter dem Pflug, der Vornehme aber geht hinter ihm und dem Pflug und treibt ihn mit den Ochsen am Pflug, er nimmt das Korn und läßt ihm die Stoppeln. Das Leben des Bauern ist ein langer Werktag; Fremde verzehren seine Äcker vor seinen Augen, sein Leib ist eine Schwiele, sein Schweiß ist das Salz auf dem Tische des Vornehmen« (*Werke*, S. 210).

Den sinnlosen Machtapparat, mit dem sich der Herrscher umgeben hat, beschreibt Büchner an anderer Stelle seines *Landboten*:

»Wer sind denn die, welche diese Ordnung gemacht haben, und die wachen, diese Ordnung zu erhalten? Das ist die Großherzogliche Regierung. Die Regierung wird gebildet von dem Großherzog und seinen obersten Beamten. Die andern Beamten sind Männer, die von der Regierung berufen werden, um jene Ordnung in Kraft zu erhalten. Ihre Anzahl ist Legion: Staatsräte und Regierungsräte, Landräte und Kreisräte, Geistliche Räte und Schulräte, Finanzräte und Forsträte usw. mit allem ihrem Heer von Sekretären usw. Das Volk ist ihre Herde, sie sind seine Hirten, Melker und Schinder; sie haben die Häute der Bauern an, der Raub der Armen ist in ihrem Hause« (ebd., S. 212).

Auch das Marionettenmotiv findet sich im *Landboten* vorgebildet: Der Fürst behandelt seine Untergebenen wie Marionettenpuppen, andererseits werden aber auch an der fürstlichen Puppe die Fäden gezogen:

»Kommt ja ein ehrlicher Mann in einen Staatsrat, so wird er ausgestoßen. Könnte aber auch ein ehrlicher Mann jetzo Minister sein oder bleiben, so wäre er, wie die Sachen stehn in Deutschland, nur eine Drahtpuppe, an der die fürstliche Puppe zieht und an dem fürstlichen Popanz zieht wieder ein Kammerdiener oder ein Kutscher oder seine Frau oder ihr Günstling, oder sein Halbbruder – oder alle zusammen« (ebd., S. 218).

Leonce. Bereits mit seinem ersten Auftritt charakterisiert sich Leonce, sieht man von dem Motto des ersten Aktes ab, das selbst schon zur Charakterisierung herangezogen werden könnte, wenn es dort im Shakespeare-Zitat heißt: »O wär ich doch ein Narr!« (43). Leonce zeigt sich in I,1 in einer für ihn typischen Pose: Er liegt »halb ruhend« (ebd.) auf einer Bank im Garten und fährt den Hofmeister wirsch an, was er denn von ihm wolle. Er weist dann den Hofmeister arrogant ab, indem er ihn fragt, ob er ihn etwa auf seinen Beruf vorbereiten, d. h., ihn als Prinzenerzieher belehren wolle. Leonce verweigert demnach hochnäsig jede Form der Vereinnahmung; er will nicht ›nützlich‹ sein, ja er will lieber seine »Demission als Mensch« (57) geben, als ein nützliches Mitglied der menschlichen Gesellschaft zu werden. Er begründet seine Verweigerung dem Hofmeister gegenüber damit, dass er im Augenblick zu beschäftigt sei. Aber alles, was er dann als Beschäftigungen aufzählt, erweist sich als sinnlos. So hat er zunächst dreihundertfünfundsechzigmal auf einen Stein ge-

> Narr

spuckt, dann wirft er Sand hoch, fängt ihn auf dem Handrücken wieder auf, um zu zählen, wieviel Sandkörner auf dem Handrücken liegen geblieben sind. Dann will er wetten, ob eine gerade oder ungerade Zahl an Sandkörnern auf dem Handrücken liegt, und behauptet, so könne er es »tagelang« (43) treiben. Um der täglichen Langeweile zu entfliehen, sucht Leonce die Abwechslung und verlangt von sich etwas Unmögliches: Er hätte Lust – so sagt er – sich auf den Kopf zu sehen. Eins »von [s]einen Idealen« (ebd.) wäre demnach, endlich einmal eine andere Perspektive einzunehmen, um so den ihn zermarternden Rahmen des Gewohnten und Gewöhnlichen wenigstens für einen Augenblick zu sprengen.

Trotz aller Geschäftigkeit fragt er sich, ob er denn ein »Müßiggänger« sei, und er konstatiert für sich und seine momentane Situation: »Es ist traurig …« (ebd.). Mit ›Müßiggänger‹ und ›Traurigkeit‹ sind zwei Begriffe genannt, denen in der folgenden Redepartie Leonces noch ein weiterer Begriff, der der ›Melancholie‹, hinzugefügt wird. Sie alle zusammen umschreiben treffend den Zustand Leonces. Er leidet als Aristokrat unter dem Müßiggang, der seiner Klasse zwar vergönnt ist, der aber für ihn zur Qual wird, da sich ihm so die Zeit dehnt und er Langeweile empfindet, denn es ist ihm nicht möglich, die Zeit mit sinnvollen Tätigkeiten zu füllen. Das stimmt ihn traurig, das Einerlei seines eigenen Lebens und das Einerlei der Wahrnehmungen in seinem Umfeld (die Wolken ziehen »schon seit drei Wochen von Westen nach Osten«, 43f.) lassen ihn in allen Handlungen und Situationen nur sinnlose Wiederholungen sehen. So wird er schwermütig bzw. melancholisch. Außerdem ist er in höchstem Maße einsam, denn zu einem Gespräch mit dem

Melancholie

Hofmeister kommt es erst gar nicht. Leonce monologisiert vor sich hin, der Hofmeister ist allenfalls ein serviles Echo, wenn er z. B. auf Leonces Feststellung ›Es ist traurig‹ nur zu erwidern weiß: »Sehr traurig, Euer Hoheit« (43).

Leonce, bis zum Äußersten von seiner Langeweile geplagt, sieht diese Stimmung auch in die Natur hinein: »Die Bienen sitzen so träg an den Blumen und der Sonnenschein liegt so faul auf dem Boden« (44). Der Müßiggang, der ihn plagt, »krassiert« (ebd.) überall. Aus dieser Perspektive heraus sieht er auch das Leben der Menschen seiner Umgebung als ein Leben unter dem Gesetz der Langeweile. Die bürgerlichen Verrichtungen, wie beten, studieren, sich verlieben, heiraten, sich vermehren oder sterben, sind alles Tätigkeiten, die aus der Langeweile geboren sind. Ihn unterscheidet nur von diesen Menschen – und das macht im Wesentlichen seine Außenseiterposition aus –, dass er dies durchschaut, während die »Dummköpfe« (ebd.) nichts von dem Ursprung ihrer Tätigkeiten wissen und sich gar als Helden, Genies und Heilige vorkommen. Aber in Wirklichkeit sind sie nur »raffinierte Müßiggänger« (ebd.).

Leonces Leid resultiert deshalb vor allem daraus, dass er nicht so sein kann wie die andern: »Warum muss ich es grade wissen? Warum kann ich mir nicht wichtig werden und der armen Puppe einen Frack anziehen und einen Regenschirm in die Hand geben, dass sie sehr rechtlich und sehr nützlich und sehr moralisch würde?« (ebd.). Leonce leidet unter dieser Bewusstheit, mit der er wahrnimmt, dass er – im Gegensatz zu den anderen ›Puppen‹ – weiß, dass er eigentlich nur eine arme Puppe mit Frack, Rechtlichkeit, Nützlichkeit und Moral ist. Leonce ist – so könnte man sagen – aus dem Zustand der Unmittelbarkeit und Naivität, in

Langeweile

der die andern leben können, in den ›sündigen‹ Zustand der Bewusstheit ›gefallen‹. Er hat das Paradies der Unmittelbarkeit verloren, sein Bewusstsein hat ihm das Paradies verschlossen und ihm die Rolle des verzweifelten, an sich selbst verzweifelnden Spaßmachers zugewiesen. Leonce ekelt sich vor sich selbst und vor dem Leben; er empfindet den für einen Melancholiker typischen Lebensekel; Erlösung wäre für ihn, »einmal jemand anderes sein« (ebd.) zu können. »Nur 'ne Minute lang« (ebd.).

Leonces Haltung ist nicht nur Ausdruck seiner gesellschaftlichen Stellung als müßiggängerischer Adliger. Sicherlich, auch dieser sozialkritische Aspekt geht in die Gestaltung der Figur mit ein: Es ist der dekadente Adel, die Aristokratie, die schmarotzerhaft im Müßiggang

Müßig-
gängerischer
Adliger

leben, sich dandyhaft, arrogant und gesellschaftlich ›nichtsnutzig‹ aufführen kann. Aber Leonces Schwermut sitzt tiefer. Sie ist eine existenzielle Melancholie, weil sie um die Sinnlosigkeit der Existenz weiß. Leonce ist unendlich einsam, leidet unter dieser Einsamkeit und Leere, der inneren Zerrissenheit und dem Wissen um sie. Er erkennt die Zwecklosigkeit des Daseins, das lähmt ihn und macht ihn eigentlich handlungsunfähig, was auch die Handlungsarmut der Komödie erklärt, wenn man bedenkt, dass eine in ihrem Handeln blockierte Gestalt in deren Mittelpunkt gestellt ist (womit sich übrigens eine Ähnlichkeit zur Mittelpunktsfigur in Büchners Drama *Dantons Tod* erkennen lässt).

Am klarsten umschreibt Leonce seinen melancholischen Zustand in seinem Monolog, den er sich selbst hält, nachdem sich Rosetta entfernt hat (I,3): »Komm Leonce, halte mir einen Monolog«, so beginnt er, sich selbst anredend, dort: »Mein Leben gähnt mich an, wie ein großer weißer

Bogen Papier, den ich vollschreiben soll, aber ich bringe keinen Buchstaben heraus. Mein Kopf ist ein leerer Tanzsaal, einige verwelkte Rosen und zerknitterte Bänder auf dem Boden, geborstene Violinen in der Ecke, die letzten Tänzer haben die Masken abgenommen und sehen mit todmüden Augen einander an. Ich stülpe mich jeden Tag vierundzwanzigmal herum, wie einen Handschuh. O ich kenne mich, ich weiß, was ich in einer Viertelstunde, was ich in acht Tagen, was ich in einem Jahre denken und träumen werde. Gott, was habe ich denn verbrochen, dass du mich, wie einen Schulbuben, meine Lektion so oft hersagen lässt?« (52).

Eine innere Leere beherrscht Leonce. Sein Bild vom Kopf als einem leeren Tanzsaal nimmt Züge der Endzeit an, wie sich Leonce selbst als einen der letzten Tänzer sieht, der seine Maske abnimmt und die anderen Tänzer mit todmüden Augen anblickt. Das Leben in seinen Wiederholungen nimmt Leonce als Tod wahr; Leben ist der Tod, die Zeit ist aufgehoben. Vergangenheit und Zukunft unterscheiden sich nicht mehr, es herrscht das Immergleiche, immer muss Leonce dieselbe Lektion aufsagen, aber dieses Leid hat keinen Sinn, denn der Gott, der ihn zum »Schulbuben« (52) hat werden lassen, existiert nicht, und damit entfällt der Garant für den Sinn des Lebens und des Leidens, das den wesentlichen Teil des Lebens ausmacht. Leonce kommt sich wie ein weißes Blatt vor, das er vollschreiben soll, um so durch seine Schrift bzw. Lebenstaten seine Identität zu finden. Aber

Identitätsverlust Sinnvolles zu tun und damit wirklich ein mit sich identisches Ich aufzubauen bleibt Leonce versagt. Seine Identität zu finden ist für ihn zunächst unmöglich.

Es ist Lena – und gerade diese Fähigkeit spricht für sie als Partnerin Leonces –, die am ehesten das Wesen von Leonce erfasst, wenn sie über ihn nach der ersten nur sehr kurzen Begegnung zu ihrer Gouvernante sagt: »Er war so alt unter seinen blonden Locken. Den Frühling auf den Wangen, den Winter im Herzen. Das ist traurig. Der müde Leib findet ein Schlafkissen überall, doch wenn der Geist müd ist, wo soll er ruhen? Es kommt mir ein entsetzlicher Gedanke, ich glaube es gibt Menschen, die unglücklich sind, unheilbar, bloß weil s i e s i n d« (66).

> Leonce gehört zu dieser Kategorie Menschen, die unglücklich sind, nur weil sie *sind*, denn er leidet an der Existenz, daran, dass er ist und nicht nicht ist. Folglich sucht Leonce, auch wenn er nicht recht daran glauben mag, immer Wege der Erlösung aus diesem Zustand, den später Kierkegaard die »Krankheit zum Tode« nannte oder als den »ästhetischen Zustand« beschrieb.

Abwechslung aus dem Zustand der Langeweile böte eigentlich auch die Ankündigung des Präsidenten, der Leonce von der bevorstehenden Ankunft der »verlobten Braut« (55), der geplanten Hochzeit und Amtsübergabe am nächsten Tag Bericht erstattet. Leonce weist aber sofort das Ansinnen seines Vaters zurück. Heiraten heißt für ihn, »einen Ziehbrunnen leer trinken«, und der Aufgabe, »König [zu] werden«, kann er nichts abgewinnen, im Gegenteil, er meint zu Valerio, man müsse »was anderes treiben« (56). Was die Übernahme des Herrscheramtes bedeutet, stellt Valerio in einem seiner »schlechten Wortspiele« (55f.) dar: »Nun Sie sollen König werden, das ist eine lustige Sache. Man kann den ganzen Tag spazieren fahren und den Leuten die Hüte verderben durchs viele Abziehen, man kann aus ordentlichen Menschen ordentliche Soldaten ausschneiden, so dass alles ganz natürlich wird, man kann schwarze Fräcke und weiße Halsbinden zu Staatsdienern machen, und wenn man stirbt, so laufen alle blanken Knöpfe blau an und die Glockenstricke reißen wie Zwirnsfaden vom vielen Läuten. Ist das nicht unterhaltend?« (56).

Aber Leonce kann dem Regierungsamt, das Valerio durch seine Schilderung als das Amt eines Müßiggängers in einem Puppenreich beschreibt, nichts Unterhaltendes abgewinnen und ebenso auch nicht den weiteren Vorschlägen Valerios, wie man etwas anderes treiben könne. Weder Gelehrte noch Helden oder Genies zu werden interessiert Leonce. All diese Vorschläge weist er entschieden ab, denn bevor er etwas Nützliches tun will, möchte er lieber »seine Demission als Mensch geben« (57).

Leonce, der gelangweilte Müßiggänger, führt demnach ein sinnloses Leben, das ihm keine Befriedigung geben kann, weil es eines sinnvollen Zieles entbehrt und Leonce auch nicht bereit ist, seinem Leben selbst einen Sinn zu geben, denn einen solchen vermag er nicht zu erkennen, weil er durch und durch Nihilist ist. So kommt er nur spontan, durch die zufällige Nennung des Wortes »Himmel« (57) auf die Idee, in den Süden, nach Italien, gehen zu wollen. Eine durch die Nennung des ›Himmels‹ freigesetzte Assoziationskette lässt ihn zu dem Zielort Italien mit Valerio aufbrechen, ohne dass ihm irgendwie bewusst wäre, was er mit diesem Zielort verfolgt. Es ist noch nicht einmal seine ausdrückliche Absicht, nach Italien zu gehen, um so der auf ihn wartenden Hochzeit zu entkommen. In der Szene II,1 spricht erst Valerio davon, dass man »in der größten Übereilung« (61) nach Italien aufgebrochen sei, »weil man König werden und eine schöne Prinzessin heiraten soll« (ebd.). Leonce jedoch geht nicht weiter darauf ein und sagt stattdessen, dass er »das

| Nihilist |

Ideal eines Frauenzimmers« (61) in sich habe und es suchen müsse, wobei er dann dieses Ideal als in sich widersprüchlich beschreibt: Das ›Frauenzimmer‹ »ist unendlich schön und unendlich geistlos« (ebd.).

Leonce und Rosetta. Leonces Charakter zeigt sich nochmals sehr deutlich in einer neuen Figurenkonstellation der Szene I,3, in der er sich von seiner Geliebten Rosetta trennt. Um seiner Langeweile zu entfliehen, hat Leonce ein Treffen mit Rosetta arrangiert, indem er eine Situation ›ambrosischer Nacht‹ inszeniert hat, wie er gleich zu Anfang seinem Diener verkündet: »Ich will Nacht, tiefe ambrosische Nacht« (48). Sogleich nach dem Eintritt der zierlich gekleideten Rosetta, die sich Leonce schmeichelnd nähert, klagt Leonce über die ihn bedrängende Langeweile. Die Liebe zu Rosetta ist ihm ermüdende »Arbeit« (49), »Beschäftigung«, ermüdender »Müßiggang« (ebd.), und er scheut sich nicht, Rosetta zu sagen, dass ihn die Liebe zu ihr langweile und ihm die Zeit nehme. Um dennoch der Begegnung mit ihr einen gewissen Reiz zu geben, spielt Leonce mit Rosetta den Gedanken durch, ihre Küsse seien ein »wollüstiges Gähnen« (49). Reicht zur Abwechslung auch diese Vorstellung nicht mehr, schafft sich Leonce eine künstliche Aufregung, indem er nicht mehr die werdende, sondern die sterbende Liebe mit Rosetta durchleben will. So arrangiert er den Abschied von Rosetta, wobei ihm völlig gleichgültig ist, dass sich Rosetta innerlich zutiefst verletzt zeigt. Für Leonce zählt allenfalls der momentane Gefühlskitzel. Er sucht den Selbstgenuss melancholischen Leidens, da ihm nichts Sinnvolles zu tun bleibt, denn er ist von allen Zwängen des Lebens los-

Selbstgenuss melancholischen Leidens

gelöst. Schließlich ist er froh darüber, seine Liebe in seinem Kopf »beigesetzt« (51) zu haben. So behält er zumindest »den Eindruck« (ebd.) zurück. Er will nicht die gegenwärtige, sondern zur Abwechslung das reizvollere Andenken an eine vergangene Liebe.

Nach Rosettas traurigem Abgang sinniert Leonce noch für einen Moment über die Vergänglichkeit und letztlich die Unmöglichkeit der Liebe, um dann sogleich wieder in den Ton der äußersten Langeweile zu verfallen, bis dass ihn Valerio, der die ganze Szene unter dem Tisch belauscht hat, aus seiner Lethargie reißt. Leonce goutiert das Schmatzen Valerios und erträumt sich, er selbst könne vielleicht zur Abwechslung doch noch einmal mit dem »Einfachsten« (53) anfangen: »Ich könnte Käs essen, Bier trinken, Tabak rauchen« (ebd.).

Leonce und Lena. Anders als die Liebe zu Rosetta gestaltet sich das Verhältnis zwischen Leonce und Lena. Leonce stößt zufällig bei seiner Italienreise auf Lena. Ob sie seinem Ideal eines Frauenzimmers entspricht und ob sie in sich den »köstlichen Kontrast« (61) zwischen Schönheit und Geistlosigkeit verkörpert, von dem Leonce noch geschwärmt hatte, dürfte fraglich sein.

Lena stellt sich bei ihrem ersten Auftritt in der Szene I,4 als eine Gestalt vor, die »lieben könnte« (58), wenn man sie den lieben ließe, zu dem sie sich als autonomes Subjekt hingezogen fühlt. Sie sucht einen Partner: »Man geht ja so einsam und tastet nach einer Hand, die einen hielte, bis die Leichenfrau die Hände auseinandernähme und sie jedem über der Brust faltete« (ebd.). Wogegen sich Lena sträubt, ist, dass man nun »einen Nagel durch zwei Hände, die sich nicht suchten« (ebd.) schlagen will. Sie wehrt sich ganz bewusst gegen das Arrangement einer politischen Heirat, weil sie an die ›wahre Liebe‹ zweier füreinander bestimmter Wesen glaubt. Weil man ihr die Verwirklichung ihrer Vorstellung von Liebe geraubt hat und sie sich dem elterlichen und politischen Kalkül fügen muss, tritt sie als eine Leidende auf, ein »Opferlamm« (59), wie die Gouvernante sagt.

Opferlamm

Lena meint, als Tochter eines Königs weniger als eine Blume zu sein, da sie dort lieben muss, wo sie nicht liebt. Von Anfang an bedauert sie die mangelnde Möglichkeit zur Selbstbestimmung und möchte lieber tot sein, als einem ungeliebten Mann an die Seite gestellt zu werden. Ihre fehlende Autonomie beklagt sie in Bildern, wie dem der »armen, hilflosen Quelle, die jedes Bild, das sich über sie bückt, in ihrem stillen Grund abspiegeln muss« (58). So sieht sie nirgends Erlösung und versteigt sich sogar zu der Frage: »Mein Gott, mein Gott, ist es denn wahr, dass wir uns selbst erlösen müssen, mit unserm Schmerz? Ist es denn wahr, die Welt sei ein gekreuzigter Heiland, die Sonne seine Dornenkrone und die Sterne die Nägel und Speere in seinen Füßen und Lenden?« (59. Hier klingt Büchners mehrfach durchgespieltes, immer wieder variiertes Thema der Selbsterlösung an; s. *Werke: Dantons Tod*, S. 27 f. u. 43 f., und *Lenz*, ebd., S. 74).

Lena unterscheidet sich von den anderen Personen dadurch, dass sie deren Witz, Zynismus oder Derbheit nicht teilt. Auch Lena ist einsam und darin Leonce vergleichbar, aber sie ist in ihrer Einsamkeit nicht so erstarrt und ausschließlich in ihren Reflexionen und Selbstbespiegelungen befangen wie Leonce. Sie scheint für Leonce bestimmt zu sein, denn sie versteht ihn gleich bei seiner ersten Äußerung, wie Leonce auch sie versteht. Die entspre-

chende Dialogpartie klingt wie ein Duett zweier see-
lenverwandter Menschen, die sich auf Anhieb sympa-
thisch finden, wo sich sofort Empathie einstellt. Lenas
Frage an die Gouvernante »Ist denn der Weg so lang?« (65)
findet in Leonce Resonanz und eine traumhafte Fortsetzung: »O, jeder Weg ist lang« (ebd.). So wiederholt er
gleichsam als Echo und fährt fort: »Das Picken der Totenuhr
in unserer Brust ist langsam und jeder Tropfen Blut misst
seine Zeit und unser Leben ist ein schleichend Fieber. Für
müde Füße ist jeder Weg zu lang« (ebd.). Diese Worte greift
Lena, die Leonce »ängstlich sinnend zuhört« (65), unmittelbar auf und setzt den von ihm begonnenen Satz fort: »Und
für müde Augen jedes Licht zu scharf und müde Lippen
jeder Hauch zu schwer und müde Ohren jedes Wort zu viel«
(ebd.).

Leonce fühlt sich durch die Worte Lenas zutiefst getroffen: »Es reden viele Stimmen über die Erde und man meint
sie sprächen von andern Dingen, aber ich hab sie verstanden. Sie ruht auf mir wie der Geist, da er über den Wassern
schwebte, eh das Licht ward« (65). Lenas Worte haben demnach für Leonce eine geradezu göttliche Schöpfungsmacht,
er fühlt ein »Werden« in sich, was Valerio, Beobachter der
Szene und deren bissiger Kommentator, mit der Bemerkung, Leonce sei auf dem »Weg zum Narrenhaus«, abtut
(65 f.).

Lenas tiefes Verständnis für Leonce zeigt sich demnach
darin, dass sie Leonces Situation sofort erfasst und zu deuten weiß. Gegenüber der
Gouvernante spricht sie indirekt von dem
Melancholiker Leonce: »Der müde Leib findet ein Schlafkissen überall, doch wenn der
Geist müd ist, wo soll er ruhen? Es kommt mir ein entsetz-

*Lenas liebendes
Verständnis
für Leonce*

licher Gedanke, ich glaube es gibt Menschen, die unglücklich sind, unheilbar, bloß weil s i e s i n d « (66).

Als Leonce Lena im Garten bei Nacht und Mondschein (II,4) trifft, wähnt er sich geradezu im »Paradies« (67). Nachtwandlerisch entwickelt sich ein Gespräch zwischen ihnen. Mit dem Vergleich, dass der schlafende Mond wie ein toter Engel ruhe, weckt Lena Vorstellungen und Assoziationen bei Leonce, die diesen dazu veranlassen, wie schon im Gespräch mit Rosetta auch Lena und deren Liebe in die Nähe des Todes zu bringen. Leonce will der »Traum«, dann aber auch der »Todesengel« Lenas sein, die ihm, nachdem er sie geküsst hat, wie eine »schöne Leiche« erscheint, bei deren Anblick die »Natur das Leben hasst und sich in den Tod verliebt« (68). Obwohl Lena daraufhin aufspringt und sich entfernt, ist Leonce durch diesen einen Augenblick, den er gerade erlebt hat, zutiefst erschüttert. Er erlebt geradezu einen ekstatischen Moment (»Wie frischatmend, schönheitglänzend ringt die Schöpfung sich aus dem Chaos mir entgegen! [...] Dieser eine Tropfen Seligkeit macht mich zu einem köstlichen Gefäß«) und will sterben (»Er will sich in den Fluss stürzen«) (68). Nur Valerio rettet ihn vor dem Selbstmord, den er desillusionierend für reine »Lieutenantsromantik« (ebd.) und eine schlechte Werther-Parodie hält. Leonce hat demnach nur die Rolle eines Liebenden gespielt, wie sie ihm die Romantik vorgab. »Er

> »Lieutenants-
> romantik«

spielt die Rolle so gekonnt, daß er – fast – in ihr aufgeht. Und nach Valerios destruktivem Kommentar zu dieser Liebesromantik ist denn Leonces Enthusiasmus wieder verflogen.«[3]

Das Verhalten Valerios löst in Leonce einen Stimmungsumschwung aus; er legt sich ins Gras und lamentiert, dass er »aus der Stimmung« (69) sei, aber dennoch hat die Begegnung mit Lena einen so nachhaltigen Eindruck bei ihm hinterlassen, dass er im nächsten Auftritt (III,1) über die Liebe, das Leben und die Heirat ganz anders philosophiert, als er es noch getan hatte, als ihm kundgetan worden war, er solle seine Verlobte heiraten. Nachdem Valerio ihn gefragt hat, ob er heiraten wolle, lässt er sich zu der Äußerung hinreißen: [Heiraten?] Weißt du auch, Valerio, dass selbst der Geringste unter den Menschen so groß ist, dass das Leben noch viel zu kurz ist, um ihn lieben zu können?« (70).

Leonce weiß über Lena nicht mehr, als dass sie ihn liebt; und das genügt ihm; und auch Lena weiß über Leonce nicht mehr, als dass seine Liebe ihr gehört. Und auch das reicht aus. So gehen beide die Heirat ein, lassen sich trickreich von Valerio, der es so arrangiert hat, als Automaten in einer Heirat in effigie trauen, ent-decken sich nach vollzogener Trauung und danken dem ›Zufall‹ (Lena) oder der ›Vorsehung‹ (Leonce), wie sie das Geschehen unterschiedlich interpretieren, dass sie so zusammengeführt wurden.

Leonce und Valerio. Neben Lena gibt es eine weitere Möglichkeit für Leonce, wenigstens für einen Augenblick aus dem Zustand der tödlichen Melancholie erlöst zu werden, in der Begegnung mit Valerio. Leonce fühlt sich gleich bei dem ersten Zusammentreffen zu Valerio hingezogen, denn er erkennt in ihm einen ›Bruder im Geiste‹. Auch Valerio ist Müßiggänger: »Ich habe die große Beschäftigung, müßig zu gehen, ich habe eine ungemeine Fertigkeit im Nichtstun, ich besitze eine ungeheure Ausdauer in der Faulheit« (40). Im Unterschied zu Leonce leidet Valerio nicht unter dem Nichtstun; er kann es genießen, er ist sinnenfroh-materialistisch, ein unbekümmerter ›Naturbursche‹, aber keineswegs ein gänzlich ungebrochener Naturbursche. Er sieht auch die Widersprüchlichkeit des Lebens, aber er leidet nicht darunter. Im Gegenteil, er genießt die Dialektik des Lebens als Narr (»Man kann keine vier Pfund Kirschen mit den Steinen essen, ohne Leibweh zu kriegen«, 45) und ist nicht bereit, sich diese Narrheit, mit der er spielt, abkaufen zu lassen. Er ist Spaßmacher wie Leonce; nur: Leonce ist ein verzweifelter Spaßmacher, dessen Späße dem Galgenhumor entspringen, während Valerio seine eigenen Wortspäße und seine närrischen Phantasien goutieren kann.

Leonce erkennt für einen Augenblick in Valerio einen Gesinnungsgenossen und feiert ihn wie einen Abgott. Weil aber schon die Regieanweisung betont, dass er das Folgende in einem »komischen Enthusiasmus« (46) sagt, ist signalisiert, dass die Abwechslung aus dem Einerlei, die sich Leonce in der Gestalt seines inskünftigen Begleiters Valerio verspricht, nur von kurzer Dauer sein wird. Er preist Valerio:

»Komm an meine Brust! Bist du einer von den Göttlichen, welche mühelos mit reiner Stirne durch den Schweiß und Staub über die Heerstraße des Lebens wandeln, und mit glänzenden Sohlen und blühenden Leibern gleich seligen Göttern in den Olympus treten?« (46).

Leonce und Valerio stehen zueinander in einem Komplementärverhältnis: »Leonce und Valerio verhalten sich zueinander wie skeptischer Idealist und sensualistischer Materialist. Was dem einen als unheimlicher Abend erscheint, begrüßt der andere als ein ›Wirtshaus zur goldnen Sonne‹ (64). Spricht Leonce von Empfindungen und Idealen, so schwärmt Valerio handgreiflich auf diese Weise von der Natur: ›Das Gras steht so schön, dass man ein

Komplementärverhältnis

Ochs sein möchte, um es fressen zu können, und dann wieder ein Mensch, um den Ochsen zu essen, der solches Gras gefressen‹ (45). Sie sind beide Meister im Wortspiel, aber unterscheiden sich ebenso durch Herkommen wie durch Weltsicht. Laboriert der Königssohn an Idealen, leidet er am standesgemäßen Müßiggang, an der Langeweile, am Dasein überhaupt, sind ihm die höfischen Rollenerwartungen zuwider, so hält sich der komische Diener ans Stofflich-Verzehrbare, genießt ausdauernd seine ›ungemeine Fertigkeit im Nichtstun‹ (46) und seine ›ungeheure Ausdauer in der Faulheit‹ (ebd.), tadelt die prinzliche Resignation, den ganzen Aufwand der Flucht und will am Schluß exzessive Arbeit als Staatsminister strafrechtlich verfolgen. Er ist mit sich und der Welt eins, während Leonce mit sich und der Welt [...] zerfallen ist.«[4]

4. Werkaufbau

Der Einfachheit und Geradlinigkeit der Handlung entsprechend, gestaltet sich auch der Aufbau des Stückes. Büchner hat sein Lustspiel als einen Dreiakter konzipiert, wobei der erste Akt sich in vier, der zweite ebenfalls in vier und der letzte, dritte Akt, in drei Szenen untergliedert, wobei der erste Akt der längste ist, der zweite und dritte Akt ungefähr gleich lang bzw. kurz gestaltet sind.

Der konzentrierte Aufbau resultiert aus der **Einheit der Handlung,** die keine autonome Nebenhandlung zulässt und sich ganz auf die Liebeshandlung von Leonce und Lena reduziert. Das Geschehen am königlichen Hofe zielt ebenfalls auf die Haupthandlung, da König Peter nach der Verlobung seines Sohnes mit Prinzessin Lena nunmehr die Vermählung folgen lassen will, um dann seine Regierungsgeschäfte an den Sohn abzutreten. Für den ersten Akt bedeutet dies, dass hier – getrennt voneinander – die Leonce- bzw. die Lena-Handlung in Gang gesetzt werden. Im zweiten Akt begegnen sich die Liebenden, d. h. Kulminationspunkt der Handlung ist die nächtliche Begegnung im Garten des Wirtshauses. Im dritten Akt findet die ›Liebesgeschichte‹ von Leonce und Lena ihren für Lustspiele obligatorischen, wenn auch hier nicht ganz der Komödientradition entsprechenden Abschluss.

Die so skizzierte Einheit der Handlung ermöglicht die **Einheit der Zeit,** die insofern weitgehend verwirklicht ist, da sich die Handlung auf ungefähr zwei oder drei Tage verteilen lässt, wobei allerdings ganz genaue Zeitangaben dem Stück feh-

Einheit der Handlung

Einheit der Zeit

len. Am ersten Tag beschließen Leonce und Valerio gen Süden aufzubrechen. Zeitgleich machen sich auch die Gouvernante und Lena auf den Weg. Noch am selben Tage treffen sich beide Gruppen, in der darauf folgenden Nacht kommen Lena und Leonce im Garten zusammen, am folgenden Tage findet die Vermählung der Automaten unter der Regie Valerios statt. Mit der engen zeitlichen Verknüpfung der einzelnen Handlungsteile korreliert auch die Gestaltung des Ortes, die ebenfalls nicht sehr stark von einer

Einheit des Ortes

Einheit des Ortes abweicht. Zwar wechseln die Schauplätze durchaus zwischen Szenen innerhalb des Schlosses (Ankleidezimmer König Peters, Saal, Großer Saal) und solchen, die außerhalb geschlossener Räume spielen (Garten I,1 u. 4; Freies Feld II,1; Garten vor dem Wirtshaus II,2 u. 4; Freier Platz vor dem Schloss, III,2), aber die Konzentration auf diese wenigen Räumlichkeiten und auch die ›Geschlossenheit‹ eines Gartens vermitteln doch wieder den Eindruck einer angenäherten ›Einheit‹ des Ortes.

Daraus, dass die drei klassischen Einheiten weitgehend, wenn auch nicht starr und sklavisch schematisiert eingehalten werden, ergibt sich auch, dass das Personal auf eine geringe Anzahl von Figuren beschränkt ist, die so wenig individuell gezeichnet sind, dass sich ihre jeweilige Sprache nicht von der anderer Figuren abhebt, sondern alle Figuren sind Teil eines auf den Sprachwitz hin angelegten dramatischen Dialogs.

5. Wort- und Sacherläuterungen

39 **Alfieri:** Vittorio Alfieri (1749–1803), italienischer Dramatiker, Büchner möglicherweise bekannt durch Friedrich Ludwig Weidig, der 1822 in Gießen mit einer vergleichenden Untersuchung über Alfieri und Sophokles promoviert hatte.

»**E la fama?**«: »Und der Ruhm?« Bislang wurde ergebnislos versucht, das Zitat im Werk Alfieris nachzuweisen.

Gozzi: Gemeint ist nicht Carlo Gozzi (1720–1806), italienischer Dramatiker, sondern dessen Bruder Gasparo Gozzi (1717–85), der Schriftsteller, Journalist, Übersetzer und Kritiker des literarischen Zeitgeschmacks war.

»**E la fame?**«: »Und der Hunger?« In einem Journalbeitrag von Gasparo Gozzi als Zitat nachgewiesen.

41 **Gouvernante:** Erzieherin der Kinder einer Familie.

Hofmeister: Hauslehrer, Prinzenerzieher.

Hofprediger: an protestantischen Höfen angestellter Geistlicher.

43,2 »**O wär ich doch ein Narr! [...]**«: wörtliches Zitat aus Shakespeares Lustspiel *Wie es euch gefällt* II,7.

43,3 **bunte Jacke:** Narrengewand.

43,28 **Müßiggänger:** Faulenzer; jemand, der müßig geht, der gerade Freizeit oder Muße hat.

44,1f. **melancholisch:** schwermütig, trübsinnig, grundlos oder weltschmerzlich traurig.

44,8 **Parenthese:** Klammer, eingeschobener Rede- oder Satzteil. Hier ist die Klammerform der Beine bei der tiefen Verbeugung gemeint.

44,18 **das ist der Humor davon:** Zitat aus Shakespeares

Heinrich V. II,1; Humor wird hier allerdings in seiner ursprünglichen Bedeutung benutzt: Stimmung; Laune.

44,24 **Puppe:** Automat, künstlicher Mensch.

45,18f. **an Idealen zu laborieren:** an Idealen sich abarbeiten, anstrengen, abmühen.

45,25 **»Hei, das sitzt e Fleig' an der Wand!«:** beliebtes Nonsenslied, gesungen nach der Melodie ›O du lieber Augustin‹.

45,31f. **verhandeln:** verkaufen.

45,32 **Alexander der Große:** König von Makedonien (336–323 v. Chr.) und Welteroberer.

46,2 **Cantharide:** Käfergattung aus der Familie der Blasenkäfer. Sie enthalten das Kantharidin, das als blasenziehendes und reizendes Mittel diente; vielfach auch als Aphrodisiakum benutzt.

46,12 **Profession:** Beruf.

47,3 **König Peter wird [...] angekleidet:** Das Lever, die Morgenaufwartung, die hier parodiert wird, war vor allem am absolutistischen französischen Hof des 17. und 18. Jahrhunderts verbreitet (Ludwig XIV.); das Zeremoniell des Aufstehens und Ankleidens wurde als öffentlicher Akt inszeniert und diente einmal als Gunsterweisung für den Adel, zum andern als Mittel der Machtdemonstration.

47,4f. **Der Mensch muss denken:** Anspielung auf die Philosophie Descartes', nach der gilt: ›Ich denke, also bin ich‹.

47,6f. **Die Substanz [...], das bin ich:** Anspielung auf den Ausspruch Ludwigs XIV.: »L'État, c'est moi«.

47,7 **das an sich:** Anspielung auf die Philosophie Kants und Fichtes.

47,9 Modifikationen: Veränderungen, Abwandlungen.
Affektionen: Erregungen, Reizungen.

47,9f. Attribute [...] Akzidenzien: Anspielung auf Begriffe aus der philosophischen Kategorienlehre (s. 41,24).

47,10 Akzidenzien: hinzukommende, zufällige, unwesentliche Eigenschaften.

47,12 Manschetten: steifer Ärmelaufschlag oder -abschluss.

47,13 Kategorien: Einteilung aller Gegenstände des Denkens in bestimmte Klassen; Grundaussagen über die Gegenstände.

48,9 Ein Drittes gibt es nicht: Satz aus der Logik: ›Tertium non datur‹; der Satz vom ausgeschlossenen Dritten.

48,29f. ambrosische Nacht: himmlisch süße Nacht. Ambrosia ist die unsterblich machende Speise der griechischen Götter.

49,29 O dolce far niente: O süßes Nichtstun!

49,34 Hiatus: Öffnung, Kluft, Spalt; Zusammentreffen zweier Vokale am Ende des einen und am Anfang des folgenden Wortes.

51,1f. Ein feiner Epikureismus: Der Epikureismus ist eine Lebensphilosophie, wie sie Epikur gelehrt haben soll. Sie ist vor allem auf sinnliches Vergnügen ausgerichtet. Der Genuss wird an die erste Stelle gesetzt.

51,15 Totenfrau: Totenwäscherin; eine Frau, die sich um den Toten kümmert.

52,5 Bouteille: Flasche.

52,8f. Nankinghosen: Hosen aus chinesischem, glattem, festem Baumwollgewebe.

52,10 Caligula und Nero: zwei wegen ihrer Selbstherrlichkeit, Grausamkeit und Ausschweifungen bekannte despotische römische Kaiser; Caligula (d. i. Gaius Caesar,

12–41) regierte von 37 bis 41, Nero (37–68) von 54 bis 68 n. Chr.

53,6 Adonis: zunächst ein Fruchtbarkeitsgott; ein Eber mit seinen Hauern beraubt Adonis seines männlichen Gliedes, deshalb hier die Anspielung auf die Schenkel; dann in der Bedeutung von ›schöner Jüngling‹.

53,16 andere Umstände: Schwangerschaft.

53,24f. der Guten Hoffnung: Schwangerschaft und als »Kap der Guten Hoffnung« die Südspitze Afrikas.

53,26 Kap Horn: Südspitze Amerikas; hier auch Anspielung auf Ehebetrug: ›jemandem Hörner aufsetzen‹, d. h., Valerios Mutter hätte seinen Vater betrogen.

53,28f. setzte er das Horn [...] an die Stirn: wurde betrogen.

53,33 Passion: Leidenschaft, Lust.

54,28 Verhaltung: Stauung durch das Zurückhalten des Urins.

55,2f. gewärtigen: erwarten.

55,16 Kapaun: kastrierter, gemästeter Hahn.

55,34 eine Schelle anhängen: zum Narren machen.

56,20 O Shandy: In dem Roman *Tristram Shandy* (1760 ff.) von Laurence Sterne (1713–68) wird erzählt, dass der Vater der Titelfigur sich seiner ehelichen Pflichten regelmäßig beim Aufziehen der Uhr einmal im Monat zu besinnen pflegt.

56,36 a priori: von vornherein; in der Philosophie dasjenige, was vor aller Erfahrung liegt, rein aus der Vernunft abgeleitet ist.

a posteriori: das Gegenteil von a priori; das, was aus der Erfahrung stammt, das ›Nachher‹.

57,7 fuselt: riecht nach schlechtem Branntwein.

57,9f. Alexanders- und Napoleonsromantik: die Begeisterung für Alexander den Großen (356–323 v. Chr.) und den Kaiser Napoleon Bonaparte (1769–1821); Büchners Absage an den Heroenkult seiner Zeit.

57,18 Demission: Rücktritt.

57,24 Wehen aus Süden: Sehnsucht nach dem Süden bzw. die Verlockung, die von Südeuropa, insbesondere Italien, ausgeht.

57,28 Der große Pan: arkadischer Hirtengott, der während der großen Mittagshitze schläft. Dann steht die Zeit still.

57,30f. Zaubrer Virgil: Gemeint ist Publius Vergilius Maro (70–19 v. Chr.), der mit den *Bucolica* die Hirtendichtung als literarische Gattung in die römische Literatur einführte und damit ein hochstilisiertes Bild Arkadiens schuf.

57,31 Tarantella: stürmischer süditalienischer Volkstanz im ¾- oder ⅝-Takt. Der Tanz wird von Tamburinen (kleinen flachen Handtrommeln mit seitlich angebrachten Schellen) und Kastagnetten begleitet.

57,32f. Lazzaroni: Faulenzer, Bettler.

58,10 Rosmarin: Zweige des Rosmarin (ein im Mittelmeergebiet beheimateter Lippenblütler, dessen Blätter ein wohlriechendes Öl enthalten), die bei Hochzeiten oder Begräbnissen als Blumenschmuck verwendet werden. Totenkränze aus Rosmarinzweigen wurden vor allem bei Beerdigungen von Jungfrauen als Haarschmuck verwandt.

58,11 altes Lied: Gemeint ist das Volkslied »So viel Stern am Himmel stehen […] So viel mal sei du gegrüßt«. Die letzten beiden Strophen lauten: Ja ich will dich nicht vergessen, / Wann ich sollte unterdessen / Auf dem Todbett schlafen ein. // Auf dem Kirchhof will ich liegen / Wie das Kindlein in der Wiegen, / Das die Lieb thut wiegen ein.

58,20 einen Nagel durch zwei Hände: Anspielung auf den gekreuzigten Christus.

58,24 Don Carlos: Sohn König Philipps II. von Spanien (1545–1568); hier wohl im Sinne eines edel gesinnten Ritters gemeint, wie ihn Schiller in seinem gleichnamigen Drama *Don Carlos. Infant von Spanien* dargestellt hat.

59,4f. Mein Gott [...] Schmerz: s. Matth. 27,46. Christus, ans Kreuz geschlagen, ruft: »Mein Gott, warum hast du mich verlassen?«

60,6 Adalbert von Chamisso: Das nicht ganz wortgetreue, wohl aus dem Gedächtnis genommene Zitat stammt aus der ersten Strophe des Gedichts *Die Blinde* von Adelbert von Chamisso (1781–1838).

60,27f. Tropfen für Tropfen darauf fallen ließ: Hinter dieser Aussage verbirgt sich die Annahme, dass jemand wahnsinnig würde, der dadurch gefoltert wird, dass man ihm in bestimmten Abständen auf den kahlgeschorenen Kopf Wasser tropfen lässt.

60,29f. Dutzend Fürstentümer ... Dutzend Großherzogtümer: Satire auf die deutsche Kleinstaaterei.

61,5 Resignation: hier: Unentschlossenheit.

61,5f. Arsenik: ein starkes Gift.

61,13 stupiden: dummen, langweiligen, beschränkten.

61,15 griechische Profil: Parodie auf das für die deutsche Klassik maßgeblich gewordene Schönheitsideal der griechischen Antike.

61,34 Leichdörner: Hühneraugen.

62,9 bezauberter: verzauberter.

62,17 Eremiten: Einsiedler.

62,30 **heiligen Odilia:** Der Legende nach soll die elsässische Odilia ihrem Vater, Herzog Eticho I., entflohen sein, um nicht heiraten zu müssen, da sie nur Christus verbunden sein wollte.

63,22 **Cymbeln:** kleine gegeneinander geschlagene Becken als Musikinstrument.

63,32f. **Flocken lese und an der Decke zupfe:** Gebärden, die für Sterbende nach Hippokrates (*Prognostikon*) typisch sein sollen.

64,3 **steht es ab:** wird es schal.

64,4 **Ergo bibamus!:** Lasst uns trinken!; gebräuchliche Redewendung vor allem in studentischen Trinkliedern.

64,11 **Strohhalm:** Anspielung auf den italienischen Freidenker Lucilio Vanini (1584–1619), der aus dem Scheiterhaufen, auf dem er als Atheist verbrannt werden sollte, einen Strohhalm herauszog und gesagt haben soll: »Wäre ich so unglücklich, am Dasein Gottes zu zweifeln, so würde dieser Strohhalm mich überzeugen.«

64,13 **auf dem Stroh liege:** sterbe.

64,33f. **sentimental:** gefühlvoll, rührselig.

65,9f. **Turm auf Libanon:** Zitat aus *Das Hohelied* 7,5: »Deine Nase ist wie der Turm auf dem Libanon, der gen Damaskus sieht.«

65,23f. **Sollte nicht [...] Schuhen:** Zitat aus Shakespeares *Hamlet* III,2: »Sollte nicht dies und ein Wald von Federbüschen [...] nebst ein paar gepufften Rosen auf meinen gekerbten Schuhen mir zu einem Platz in einer Schauspielgesellschaft verhelfen?«

65,32f. **Geist, da er über den Wassern schwebte, eh das Licht ward:** vgl. *Genesis* 2.

66,3 **Vicinalwege:** Land-, Nebenstraßen, Landwege.

66,23 **Scherbe:** hier: Blumentopf.

66,26 **Nachtviolen:** Hesperis, Veilchen, das besonders stark nachts duftet.

67,7 **Totenuhren:** Klopf- oder Bohrkäfer, Holzwurm; um sich zur Begattung anzulocken, erzeugen die Käfer, indem sie Vorderbeine und Fühler anziehen und mit Stirn und Vorderrand des Halsschildes gegen das Holz schlagen, ein rhythmisches, mit geringen Unterbrechungen anhaltendes Klopfen, das dem Ticken der Uhr ähnlich ist. Im Volksglauben galt das Ticken als Vorzeichen des Todes.

67,26 **Steh auf [...]:** vgl. Matth. 9,5; 9,18f., 23–25; Mk. 2,9–12; 5,35–42; Luk. 5,23–25; 8,49–55; 17,19; Joh. 5,8.

68,19 **Serenissime:** Hoheit.

69,4f. **mit seiner gelben Weste ... Hosen:** die Kleidung, die Werther trägt, als er Selbstmord begeht: gestiefelt, blauer Frack, gelbe Weste.

70,5 **Ewigen Kalender:** immer gültiger Kalender; hier: die auf Ewigkeit hin angelegte Ehe.

70,15 **philobestialisch:** tierlieb.

71,9 **Spiritus:** Branntwein.

71,10 **Courage:** Mut.

71,13 **Dreimaster:** dreieckiger Filzhut.

71,14 **Wildbret:** Fleisch vom Wild.

72,4 **Vivat!:** Er möge leben!

72,8 **transparenten:** durchsichtigen.

72,10 **Cocarden:** Abzeichen, die am Hut getragen werden.

72,18 **Vatermörder:** steife Halskragen.

72,21 **Unschuldigen:** Ehrenjungfrauen.

73,5 **Gradierbäume:** auch: Gradierwerk: mit Reisig bedecktes Gerüst, über das Salzsole rieselt, die durch Verdunstung konzentriert wird; auch zu Heilzwecken bei Erkrankungen der Atemorgane verwendet.

73,12 **Dardanellen:** Meerenge zwischen der Balkanhalbinsel und Kleinasien, bzw. zwischen Ägäis und Marmarameer (hier fälschlich: Marmormeer).

74,5 **kompromittieren:** bloßstellen, blamieren.

74,7 **Wenn es anders:** wenn es überhaupt.

74,32 f. **mit andern Majestäten:** Anspielung auf »die zeitgenössischen deutschen Fürsten, die sich im Vormärz zunehmend dem Vorwurf des Wortbruchs ausgesetzt sahen, weil sie das, zuerst vom preußischen König während der so genannten Befreiungskriege 1813/14 gegebene und auf dem Wiener Kongreß 1815 nach dem Sieg über Napoleon gemeinsam beschworene, Versprechen, allen Ländern des Deutschen Bundes Verfassungen zu geben, nicht einlösten.«[5]

74,33 f. **ein Ding –, das nichts ist:** nach Shakespeares *Hamlet* IV,2: Hamlet: »Der König ist ein Ding –« Güldenstern: »Ein Ding, gnädiger Herr?« Hamlet: »Das nichts ist.«

75,33 **Konfusion:** Verwirrung, Verlegenheit.

75,33 f. **Desperation:** Verzweiflung.

76,9 f. **Walzen und Windschläuche:** als Teile der mechanischen Automaten.

76,29 **Beinkleider:** Hosen.

77,3 f. **Glaube, Liebe, Hoffnung:** die drei göttlichen Tugenden; vgl. 1. Kor. 13,13.

77,4 f. **akkordiert:** vereinbart; (vertraglich) übereingekommen, einig.

77,7 **In effigie:** bildlich, symbolisch, stellvertretend; Hinrichtungen konnten nach früherem Recht, wenn der Verurteilte nicht greifbar war, ersatzweise in effigie, d. h. an seinem Bild oder einer ihm nachgebildeten Puppe, vollzogen werden, um dem Gesetz Genüge zu tun.

77,22 **Fang an [...] Wohlauf!:** nach Shakespeares *Hamlet* III,2.

79,20 **infusorische Politik:** Infusionstierchen sind so klein, dass sie nur unter dem Mikroskop erkennbar sind; klein(st)staatliche Politik.

79,31 **Ischia und Capri:** Mittelmeerinseln, vor Neapel gelegen.

hinausdestillieren: die gleiche Wärme erreichen.

80,1 **Kuratel:** Vormundschaft.

80,8 **comm⟨o⟩de:** bequeme.

6. Interpretation

Leonce und Lena lässt sich unter verschiedenen Aspekten lesen, als **ästhetisches Sprachspiel**, als **politische Satire** auf den absolutistischen Staat bzw. das überalterte deutsche Duodezfürstentum, die staatstragenden Organe und die Unterwürfigkeit der Untertanen; dann als **Literatursatire**, die sich gegen die zeitgenössische, vor allem romantische, zum Klischee erstarrte Literatur wendet, indem sie sie zitiert und parodiert. Schließlich kann man das Lustspiel, integriert in Büchners Gesamtwerk, durchaus auch als Tragikomödie über die menschliche Existenz begreifen.

Die ästhetische Lesart

Man kann *Leonce und Lena* als ein komödienhaftes, leichtes Spiel mit der Sprache lesen, das die ästhetischen Werte der Sprache spielerisch mit einer komödienhaften Handlung verbindet, wobei

Sprachspiele

es weniger um diese Handlung und das Gesagte als vielmehr um den Witz des Gesagten, das gekonnte Sprachspiel, geht. Was damit gemeint ist, sei an einem Beispiel verdeutlicht:

»LENA. O Zufall!

LEONCE. O Vorsehung!

VALERIO. Ich muss lachen, ich muss lachen. Eure Hoheiten sind wahrhaftig durch den Zufall einander zugefallen; ich hoffe, Sie werden, dem Zufall zu Gefallen, Gefallen aneinander finden« (78).

Jürgen Schröder hat die Sprache in *Leonce und Lena* wie folgt treffend charakterisiert und mit der Gestaltung der Figuren und den Themen des Lustspiels zusammengebracht:

»So willkürlich die Figuren die Sprache zu behandeln scheinen, so hoffnungslos sind sie ihr ausgeliefert. In seine wunderbare Waage aber kommt dieses wechselseitige determinierende Verhältnis nur, weil ihrerseits beide in Bann und Anspruch jener Gegenkraft stehen, die, je nach Perspektive, als Stillstand der Zeit, als Langeweile, als das Selbe, als Nichts und Leere, als Zwang, als Stille, kurz, als jene nichtige Unwirklichkeit begegnet, in der das Lustspiel a priori angesiedelt ist.

Dieses Nichts ist zwar lähmend in seiner Monotonie, aber ohne tödlichen Ernst und konkrete Gefährdung. Deshalb schlägt im Lustspiel alles, wenn auch mit bitteren Untertönen, ins Heitere und Komische aus, deshalb zeigt sich die fatale Grundsituation so wunderbar entschärft und verharmlost, ohne daß andererseits alles in ein närrisches Märchenland verniedlicht. Gleichwie die Sprache ein heiterer Spielraum ist, bleibt sie jedoch immer auch ein Fluchtraum vor dem Nichts, der von Leonce oft genug als drückendes Gefängnis empfunden wird.«[6]

Die politische Satire

Büchners Lustspiel ist nicht nur realitätsenthobenes Sprach-Spiel und Flucht in einen imaginären Sprach-Raum, sondern zugleich eine beißende, realitätsgesättigte Satire auf Kleinstaaterei, Fürstenwillkür und Polizeistaatlichkeit, kurz: auf die politischen Verhältnisse seiner Zeit und insofern eine Fortführung der politisch-rhetorischen Agitation, die mit dem *Hessischen Landboten* betrieben werden sollte und sicherlich auch Büchners Ziel bei der Mitgliedschaft bzw. Gründung der »Gesellschaft der Menschenrechte« war. Der Absolutismus und der absolutistische Fürst in der historischen Gestalt der ersten Hälfte des 19. Jahrhunderts werden erbarmungslos der Karikatur unterzogen. Gegenstand der Karikatur sind die Ignoranz und Inkompetenz des Herrschers und seines Staatsrates, die allein schon durch die Verwendung der Reichsbezeichnungen ›Popo‹ und ›Pipi‹ verächtlich gemacht werden. Mit diesen Bezeichnungen sind zwei absolutistische Fürstentümer gemeint, winzige Länder, deren Grenzen vom Schloss aus eingesehen werden können.

Der König des nichtigen Reiches Popo ist selbst ein Nichts; fast nackt betritt er die Bühne, und es bedarf erst der Ankleidung bzw. der Insignien, damit er seine ›Würde‹ und Funktion gewinnt. Wie er selbst ein Nichts ist, sind seine Worte ein Nichts.

Er ist steif und unbeweglich; sein Denken ist zwanghaft, er selbst ähnelt eher einer Puppe oder einem Automaten als einem Verantwortung tragenden Menschen. So entlarvt sich die Anmaßung seines Herrschaftsanspruches, und König Peter dekuvriert unfreiwillig, wie wenig ihm, dem ›Diener seines Volkes‹, an ›seinem‹ Volk wirklich gelegen ist. Ihm mangelt es an jeder Spontaneität: Er muss sich freuen, weil er sich vorgenommen hat, sich an diesem Tag zu freuen; er muss daran erinnert werden, sich daran zu erinnern, dass er sich an sein Volk erinnern wollte. Er bewegt sich sprachlich in lauter Tautologien, kreist nur um sich selbst und findet ebendiese Bestätigung seines Selbst nicht durch sich, sondern er ist auf seine Diener (und sein Volk) angewiesen, in deren Servilität er lebt.

Der Absolutismus ist erstarrt, wie die Sprache dieses Königs starr und formalistisch klingt. Die Legitimationsbasis, die der Absolutismus im Falle des König Peter aus der cartesianischen Philosophie und der Philosophie des deutschen Idealismus bezieht, wird dieser Herrschaftsform durch die parodistische Verwendung von Zitaten aus ebendiesen philosophischen Systemen entzogen.

Parodie der cartesianischen Philosophie und der Philosophie des Idealismus

Die satirische Überspitzung zeigt: Die deutsche Kleinstaaterei ist unzeitgemäß, gänzlich überholt, sie ist zu Automatismus und Mechanik verkommen. Hohl gewordene Konvention und eine nie gelingende Kommunikation kennzeichnen sie. Die automatenhafte Sprache des Hofes ist ein Anzeichen für diese Automatisierung der Regierungsabläufe, für die Entfremdung, in der alle Gestalten, die Herrschenden wie die Untertanen, leben.

Satire auf die Kleinstaaterei

Die Kritik an der dargestellten ›Spielform‹ des deutschen Absolutismus weitet sich aus, wenn man bedenkt, dass Leonce der potentielle Nachfolger König Peters ist, denn er ist der Infant, der allein durch die Erbfolge das eigentlich verantwortungsvolle Amt übernimmt, an dem er jedoch keinerlei Interesse hat. Er ist – so könnte man ihn auch sehen – der königliche Schmarotzer, der sich seine ›Melancholie‹ und Langeweile ›leisten‹ kann, denn als Infant und später als König lässt er sich von seinen Untertanen ernähren, indem er sie ausbeutet. Aus seiner Langeweile heraus unterzieht er sich allerdings zunächst nicht dem automatisierten, mechanisch-marionettenhaften Prozess und der leerlaufenden Betriebsamkeit der Regierungsgeschäfte absolutistischer Feudalherrschaft, sondern er bekennt sich dandyhaft als junger Mann zum unwirklichen Leben, zum künstlichen Arrangement voll der »Masken, Fackeln, Gitarren« (57).

Das Herrschaftsprinzip ist endgültig ad absurdum geführt, wenn in der fast grotesk wirkenden Szene mit dem Schulmeister die Bauern ›dressiert‹ werden, dem neuen Königspaar zuzujubeln. Sie lernen unter dem Rohrstock des Schulmeisters, auf ihren neuen Be-herrscher ein ›Vivat‹ auszubringen, also demjenigen ein ›Er möge leben‹ entgegenzurufen und ihm zu huldigen, der seinerseits ihr Leben auf eine Existenzform reduziert hat, die ihnen gerade so viel zum Leben gönnt, wie sie zum Überleben brauchen. (Man kann jedoch möglicherweise das segmentierte ›Vi-vat‹ auch als ›Wie?‹ ›Wat?‹, also als unfreiwillige Frageform der Bauern, als Hinterfragen der Huldigungshandlung verstehen.)

Die armselige Realität der Untertanen in deutschen Duodezfürstentümern zu Beginn des 19. Jahrhunderts scheint durch, wenn es heißt: »Erkennt, was man für euch tut: man hat euch grade so gestellt, dass der Wind von der Küche über euch geht und ihr auch einmal in eurem Leben einen Braten riecht« (71). Zwei Jahre zuvor hatte Büchner im *Hessischen Landboten* geschrieben: »Und dann kriecht in eure rauchigen Hütten und bückt euch auf euren steinichten Äckern, damit eure Kinder auch einmal hingehen können, wenn ein Erbprinz mit einer Erbprinzessin für einen andern Erbprinzen Rat schaffen will, und durch die geöffneten Glastüren das Tischtuch sehen, wovon die Herren speisen und die Lampen riechen, aus denen man mit dem Fett der Bauern illuminiert« (*Werke*, S. 220).

Dass Büchner zur Darstellung der zeitgenössischen Politik auf die Komödienform zurückgreift, verwundert nicht

Armselige Realität der Untertanen

weiter, denn schon Jahre vor der Konzeption von *Leonce und Lena* sah er die politische Wirklichkeit als Komödienspiel. Er hatte bereits in Straßburg Politik als Komödie erfahren. In einem Brief vom 4. Dezember 1831 an die Familie schrieb er z. B. über seine Straßburger Erfahrungen: »Darauf erscheint Ramorino [ein polnischer General und Freiheitskämpfer] auf dem Balkon, dankt, man ruft Vivat! – und die Komödie ist fertig« (ebd., S. 245). Ein Jahr später heißt es in einem ebenfalls an die Familie adressierten Brief: »Für eine politische Abhandlung habe ich keine Zeit mehr, es wäre auch nicht der Mühe wert, das Ganze ist doch nur eine Komödie. Der König und die Kammern regieren, und das Volk klatscht und bezahlt« (ebd., S. 247). In einem Brief an August Stöber vom 9. Dezember 1833 ist sogar von der ›Affenkomödie‹ der Fürsten und Liberalen die Rede: »Die politischen Verhältnisse könnten mich rasend machen. Das arme Volk schleppt geduldig den Karren, worauf die Fürsten und Liberalen ihre Affenkomödie spielen. Ich bete jeden Abend zum Hanf und zu d. Laternen« (ebd., S. 253).

Die Literatursatire

Aussagen über den Charakter der Figuren, deren Verhältnis zueinander oder über das Handlungsgefüge und die Handlungsmotive zu machen fällt bei *Leonce und Lena* so schwer, da die einzelnen Figuren nicht realistisch verstanden werden dürfen und die Handlung auch keinem an der Wahrscheinlichkeit orientierten Kausalnexus folgt, denn überall scheint neben der politischen noch die Literatursatire durch, d. h., Gestalten und Handlung müssen immer auch als Karikatur *literarischer* Vorgaben verstanden werden; sie sind literarisches ›Zitat‹, mit dem gespielt wird.

Deutlich sind die Anleihen, die Büchner bei der Commedia dell'arte macht, sowohl was die Figuren als auch was die Handlungsstruktur betrifft. *Commedia dell'arte* Der Handlungskern, dass sich zwei Königskinder, die ohne Einwilligung füreinander bestimmt sind, gerade dadurch, dass sie einander fliehen, in die Arme laufen, ist ein beliebtes Märchen- und Komödienmotiv. Die Gouvernante selbst benennt dieses Motiv einmal als das des »irrenden Königssohns«, den man auf dieser »abscheulichen« Welt (62) wohl gar nicht finde.

Zum andern kann man auch die Anlehnung an typische Figurenkonstellationen in der Komödie Shakespeares erkennen. In vielen Komödien *Shakespeare* Shakespeares finden sich die Herrschaften wie die Diener paarweise. *Leonce und Lena* weicht allerdings dann doch insofern wieder davon ab, als Valerio und die Gouvernante am Ende des Stücks kein Paar werden. Ebenfalls kennt der Zuschauer die Konstellation Herr und Diener, hier als das Paar Leonce und Valerio, aus vielen Theaterstücken.

Auffällig sind die Anspielungen auf Goethes *Werther*, wenn sich Leonce nach dem Kuss, den er Lena gegeben hat, zu Tode stürzen will und *Goethes* Werther wenig später von dem »Kerl […] mit seiner gelben Weste und seinen himmelblauen Hosen« (69) die Rede ist.

Lena wiederum spricht an einer Stelle davon, auf ihrer Flucht nicht dem Prinzen begegnet zu sein, wie sie es so häufig in Romanen gelesen habe. Sie ist in ihren Vorstellungen ganz und gar durch romantische Muster geprägt: »Wir haben alles wohl anders geträumt mit unsern Büchern hinter der Mauer unsers Gartens, zwischen unsern Myrten und

Oleandern« (62). Valerio wiederum beschuldigt Leonce, in seinem Verhalten »Lieutenantsromantik« (68) zu folgen. Auch ist die melancholische Figur als Zentralfigur aus der romantischen Literatur wohlbekannt.

Was sollen alle diese literatursatirischen Anspielungen? Sie betonen das Puppenhafte der Figuren. Keine dieser Figuren handelt aus sich selbst, sondern nur nach vorgegebenen, vor allem literarischen Schemata. Sieht man also in den Figuren, wie Gundolf es nannte, »aufgestutzte Literaturschablonen«[7], so liegt in diesem Befund eine gewisse interessante Angemessenheit: Die Gestalten sind nicht frisch, original, neu, sondern »sie erschöpfen sich als Puppen aus der Marionettenkiste weitgehend in Schablone, Routine, Wiederholung, ihr Handeln ist folgerichtig Zitat bereits gelernter Lektionen. Hamlet und Faust, Ponce de Leon und Fantasio, Weltschmerz und romantische Italiensehnsucht, das alles gehört zu ihrem mechanisch zu repetierenden Part, ist verschlissenes Kostüm ihrer Rolle.«[8]

Selbst der paradiesische Zustand, den Leonce am Ende des Stückes in seinem Reich verwirklichen will, kommt einem solchen Schema sehr nahe und verliert dadurch an utopischer Glaubwürdigkeit. Er ist nicht als ein geschichtlicher Zustand vorstellbar, sondern es handelt sich um einen Zustand, aus dem die Zeit ausgeklammert ist. Es ist eine literarische Märchenutopie, und als solche ist dieser Endzustand entlarvt. Hierhin führt kein beschwerlicher Weg durch die Geschichte.

Fraglich ist schließlich auch, ob Leonce Lena wirklich liebt. Er kennt nicht einmal ihren Namen. Er liebt in ihr kein Individuum, das sich ihm in seiner Widerständigkeit und Eigenheit zeigt, sondern er liebt in ihr nur einen Traum. Sie ist ihm Projektionsfläche für Phantasien, seine Ideale, die er aus

der Literatur bezogen hat: »Ich habe das Ideal eines Frauenzimmers in mir und muss es suchen« (61).

Eine Liste der von Büchner in seinem Stück zitierten
Werke soll nochmals helfen zu erkennen, wie Büchners
Leonce und Lena durch und durch Literatursatire ist. Die
Forschung hat als Quellen folgende Autoren und Werke
ausfindig gemacht: Die Bibel; Brentano: *Godwi* und *Ponce
de Leon*; Chamisso; Descartes; Fichte; Goethe: *Werther,
Faust*; Hegel; Heine: u. a. *Die Harzreise*; E. T. A. Hoffmann;
Holberg; Jean Paul; Kant; Klinger; J. M. R. Lenz; de Musset:
Fantasio; Die Nachtwachen des Bonaventura; Pascal; Schiller; F. Schlegel: *Lucinde*; Shakespeare: *Hamlet, Wie es euch
gefällt, Der Kaufmann von Venedig, Was ihr wollt, Heinrich IV.*; Sterne: *Tristram Shandy*; Tieck: *Zerbino, Der ge-
stiefelte Kater*.

Ihnen entnahm Büchner das den einzelnen Akten jeweils
vorangestellte Motto, wortwörtliche Zitate, Anspielungen
oder auch nur Anregungen für Wortfiguren, Charakteristi-
ken und kurze Handlungssequenzen.

Büchners Lustspiel ist in einer höchst komplexen Form
Literatursatire, denn *Leonce und Lena* ist eine Literatursatire in zweifacher Weise: Mit der Komödienform greift Büchner eine bei den Romantikern beliebte Form auf, zitiert sie
gleichsam, zum andern aber macht er die ›Mode‹ der Romantik selbst zum Gegenstand seiner Satire, indem das tri-
vial-romantische Bühnenarrangement, die Klischees einer
empfindsam-rührenden Dichtung und der glückverheißen-
de Komödienschluss seiner Kritik verfallen.

Vergegenwärtigt man sich zum Abschluss noch einmal,
wie stark *Leonce und Lena* von der Verknüpfung vorge-
gebener literarischer Gestalten, Motive und Handlungs-
verläufe geprägt ist, wird man sich fragen müssen, was

diese Montage literarischer Vorgaben und Zitate leistet. Sie ist es, die dem Stück einen realistischen Zug gibt, denn indem die Literarizität jeweils ausgestellt (oder im Brechtschen Sinne ›gezeigt‹) bzw. deutlich gemacht wird, gewinnt der Zuschauer die Möglichkeit, die Literatur als Literatur zu erkennen, die Schemata als Schemata zu durchschauen, um sich so der Wirklichkeit unverstellter zu öffnen. D. h., gerade die Negation dieser Schemata verleiht dem Stück einen realistischen Zug, indem sie deutlich macht, wie stark man durch solche Literatur in seinen Vorstellungen bzw. Ideen geprägt ist und automatenhaft, schablonenhaft handelt, fühlt und denkt. Man könnte die Aufforderung »Geht einmal euren Phrasen nach, bis zu dem Punkt wo sie verkörpert werden« aus *Dantons Tod* (*Werke*, S. 47) auch auf *Leonce und Lena* beziehen. Dann würde klar, wie weit Denken und Handeln sich nach solchen vorgegebenen Schemata und Idealen richten. Lena selbst gibt diesen Hinweis, wenn sie sagt: »Wir haben alles wohl anders geträumt mit unsern Büchern hinter der Mauer unsers Gartens« (62).

| Destruktion der Schemata |

Die existenzielle Melancholie

Man kann *Leonce und Lena* als äußerst witziges, ästhetisch arrangiertes Sprachspiel lesen, man kann es als politische Satire oder als Literatursatire verstehen. Bei diesen Lesarten des Stücks wird man das zentrale Motiv der Melancholie ebenfalls als literarisches Zitat insbesondere aus der romantischen Literatur (vor allem Brentanos *Ponce de Leon*) interpretieren oder als satirische Kritik an dem Infanten, dem seine gesellschaftlich privilegierte Stellung ›erlaubt‹, melancholisch zu sein, weil er nicht einmal für seinen Lebensunterhalt arbeiten muss. Sieht man Büchners Lustspiel nur unter diesen Aspekten, verschließt man sich andere Zugänge zu dem Stück und die Möglichkeit, seine Verwandtschaft mit Büchners *Danton* und seiner Erzählung *Lenz* ins Auge zu fassen. Das Motiv der Melancholie ist ein Zentralmotiv im Werk Büchners.

Er selbst kennt das Gefühl der Melancholie. Im Brief vom März 1834 an seine Braut schreibt er: »Ich bin ein Automat; die Seele ist mir genommen« (*Werke*, S. 257). Und am 2. September 1836 heißt es: »Ich bin ganz vergnügt in mir selbst, ausgenommen, wenn wir Landregen oder Nordwestwind haben, wo ich freilich einer von denjenigen werde, die Abends vor dem Bettgehn, wenn sie den einen Strumpf vom Fuß haben, im Stande sind, sich an ihre Stubentür zu hängen, weil es ihnen der Mühe zuviel ist, den andern ebenfalls auszuziehen« (ebd., S. 286).

Die Titelgestalt in *Dantons Tod* ist durch und durch Melancholiker. So sagt Danton von sich: »Das ist sehr langweilig immer das Hemd zuerst und dann die Hosen drüber zu ziehen und des Abends in's Bett und Morgens wieder heraus zu kriechen und einen Fuß immer so vor den andern zu setzen, da ist gar kein Absehens wie es anders werden soll. Das ist sehr traurig und daß Millionen es schon so gemacht haben und daß Millionen es wieder so machen werden und, daß wir noch obendrein aus zwei Hälften bestehen, die beide das Nämliche tun, so daß Alles doppelt geschieht. Das ist sehr traurig« (ebd., S. 28). Und später formuliert er nochmals:

»Ja, wahrhaftig, es war mir zuletzt langweilig. Immer im nämlichen Rock herumzulaufen und die nämlichen Falten zu ziehen! Das ist erbärmlich. So ein armseliges Instrument zu sein, auf dem eine Saite immer nur einen Ton angibt« (ebd., S. 29).

Die Gestalt Leonces ist von Büchner also tiefer angelegt; er verkörpert nicht nur den adligen Müßiggänger. Seine Melancholie ist mehr als eine Zeitkrankheit der funktionslos gewordenen Aristokratie. In Leonce problematisiert das Lustspiel z. B. Fragen der Identität. Man kann in ihm den ›ästhetischen Menschen‹ sehen, den Kierkegaard später beschreiben wird und den dieser Philosoph als jemanden charakterisiert, der die ›Krankheit zum Tode‹ in sich trägt. Leonce ist in seinem Charakter gebrochen, er leidet unter dem Sündenfall, hier in Gestalt des Bewusstseins, denn er ist aus dem Zustand der schuldlosen Unmittelbarkeit in den der Vermitteltheit gefallen. Wie Kleists Marionette hat er den inneren Schwerpunkt verloren, keine Harmonie stellt sich ein, er lebt automatenhaft ein Leben, das er nicht unmittelbar lebt, und darunter leidet er. Ihn

Weltschmerz

trifft, was die damalige Zeit ›Weltschmerz‹ nennt, und es ist Lena, die von diesem Leiden an der Welt weiß, wenn sie sich angesichts Leonces fragt, ob es denn wahr sei, dass man sich selbst mit [seinem] Schmerz erlösen müsse. Mit diesem Gedanken erweist sie sich als Geistesverwandte von Lucile, die in *Dantons Tod* lakonisch feststellt: »Wir müssen's wohl leiden« (*Werke*, S. 67). Ähnlich formuliert auch Robespierre in Büchners Tragödie: »Wahrlich der Menschensohn wird in uns Allen gekreuzigt, wir ringen Alle im Gethsemanegarten im blutigen Schweiß, aber es erlöst Keiner den Andern mit seinen Wunden. [...] es ist Alles wüst und leer – ich bin allein« (ebd., S. 28).

Leonce und Lena ist ein Drama, das unter der Erfahrung einer gottlos gewordenen Welt geschrieben ist. Die Götter amüsieren sich allenfalls über ihre Geschöpfe, die unglücklichen Menschen, schlimmer noch, deren Leid dringt nicht einmal an ihr Ohr: »Die Erde und das Wasser da unten sind wie ein Tisch auf dem Wein verschüttet ist und wir liegen darauf wie Spielkarten, mit denen Gott und der Teufel aus Langeweile eine Partie machen« (64). Diese Textstelle erinnert an eine andere aus *Dantons Tod*, wo es in einer Dialogpartie heißt:

»Danton: Aber wir sind arme Musikanten und unsere Körper die Instrumente. Sind die häßlichen Töne, welche auf ihnen herausgepfuscht werden nur da um höher und höher dringend und endlich leise verhallend wie ein wollüstiger Hauch in himmlischen Ohren zu sterben? [...] Sind wir Kinder, die in den glühenden Molochsarmen dieser Welt gebraten und mit Lichtstrahlen gekitzelt werden, damit die Götter sich über ihr Lachen freuen?

Camille: Ist denn der Äther mit seinen Goldaugen eine Schüssel mit Goldkarpfen, die am Tisch der seligen Götter steht und die seligen Götter lachen ewig und die Fische sterben ewig und die Götter erfreuen sich ewig am Farbenspiel des Todeskampfes?

Danton: Die Welt ist ein Chaos. Das Nichts ist der zu gebärende Weltgott« (ebd., S. 64 f.).

Die existenzielle Melancholie Leonces erlaubt nicht, wie schon mehrfach angedeutet, den Schluss des Lustspiels als ein lustspieltypisches Ende zu sehen, denn das Reich, das Leonce entwirft, ist kein wirklich hoffnungsvoller Ausblick in ein wiedergewonnenes Paradies, sondern es ist »eine bös ironische Verspottung menschlicher Sehnsüchte nach sinnvollem Dasein«[9]. Leonce geht es auch am Stückschluss wieder einmal nur darum, dass etwas geschieht

und er Abwechslung aus der tödlichen Langeweile gewinnt.
»Wir müssen was anderes treiben« (56), hatte er in I,3 Valerio aufgefordert. Leonces letzte Äußerung in dem Drama
wiederholt eigentlich nur diese Aussage, wenn er mit Lena
überlegt, was er mit den Taschen voll Puppen und Spielzeug
anfangen soll:

»Was wollen wir damit anfangen, wollen wir ihnen
Schnurrbärte machen und ihnen Säbel anhängen? Oder
wollen wir ihnen Fräcke anziehen und sie infusorische Politik und Diplomatie treiben lassen und uns mit dem Mikroskop daneben setzen? Oder hast du Verlangen nach einer
Drehorgel [...]? Wollen wir ein Theater bauen? [...] Aber
ich weiß besser was du willst, wir lassen alle Uhren zerschlagen« (79).

Der Schluss scheint auf den ersten Blick harmonisch; es
scheint, als würden sich Vorsehung, individueller Lebens-
wunsch und Staatsinteresse miteinander versöhnen. Aber
den Schluss ernst zu nehmen, will nicht gelingen, weil er
eben zu gewaltsam herbeigezwungen ist, lediglich einen
Märchenschluss zitiert, dem jeder Realismus abgespro-
chen werden müsste. Die Welt bleibt unerlöst.

7. Autor und Zeit

1813 17. Oktober: Karl Georg Büchner wird in Goddelau (Großherzogtum Hessen–Darmstadt) geboren. Sein Vater ist der Mediziner und Amtschirurg in Goddelau, Ernst Karl Büchner (1786–1861), ab 1816 Medizinalrat in Darmstadt; Büchners Mutter Caroline Büchner, geb. Reuß (1791–1858). Büchner hat fünf Geschwister: 1. Mathilde (1815–88); 2. Wilhelm (1817–92), Pharmazeut, Inhaber einer chemischen Fabrik, Abgeordneter im hessischen Land- und im deutschen Reichstag, Verfasser politischer Schriften; 3. Louise (1821–77), Schriftstellerin und Frauenrechtlerin; 4. Ludwig (1824–99), Arzt und Verfasser des Bestsellers *Kraft und Stoff*, der ihn als Vertreter des Materialismus bekannt machte; 5. Alexander (1827–1904), 1848 deutscher Revolutionär, ging nach Frankreich, wurde dort in Caen Literaturprofessor.

1816 Übersiedlung der Familie nach Darmstadt, wohin der Vater als Bezirksarzt, später als Medizinalrat versetzt wurde.

1825 Nach Elementarunterricht durch die Mutter und Besuch der Privatschule von Dr. Carl Weitershausen in Darmstadt tritt Büchner in das Ludwig-Georgs-Gymnasium zu Darmstadt ein. Kleinere poetische Arbeiten und Schulreden (z.B. *Rede zur Verteidigung des Cato von Utika*; *G. Büchner mahnt im Namen des Menenius Agrippa das auf dem heiligen Berg gelagerte Volk zur Rückkehr nach Rom* in lateinischer Sprache).

1831 9. November: Immatrikulation an der medizinischen Fakultät in Straßburg, wo Verwandte Büchners leben. Büchner wohnt bei Pfarrer Johann Jakob Jaeglé, mit dessen

Tochter Luise Wilhelmine (1810–80) er sich später verlobt. Freunde Büchners sind: Eugen Boeckel, Johann Wilhelm Baum, Alexis Muston, August und Adolf Stöber. Büchner wird in die Studentenverbindung »Eugenia« aufgenommen.
1832 24. Mai: Büchner hält in der Verbindung einen Vortrag über die politischen Verhältnisse in Deutschland.
1833 Juli: Wanderung mit den Brüdern Stöber durch die Vogesen. Verlobung mit Wilhelmine Jaeglé. Nach dem Sommersemester Rückkehr nach Darmstadt, um sein Studium gemäß den hessischen Gesetzen in Hessen selbst abzuschließen. 31. Oktober: Immatrikulation an der Universität Gießen als Medizinstudent; November: Hirnhautentzündung; Unterbrechung des Studiums und Rückkehr nach Darmstadt.
1834 Fortsetzung des Studiums ab Januar; Büchner lernt durch August Becker den Rektor und Pfarrer in Butzbach Friedrich Ludwig Weidig (1791–1837) kennen, der Verbindungen zu verschiedenen süddeutschen Oppositionsbewegungen hält. März: Gründung der »Gesellschaft der Menschenrechte« in Gießen. Mitglieder neben Büchner und Becker: Karl Minnigerode, Jakob Friedrich Schütz, August Klemm. Zwischen dem 13. und 25. März schreibt Büchner den Entwurf zum *Hessischen Landboten*. Ende März trifft Büchner in Straßburg ein. April: Büchner eröffnet eine Sektion der »Gesellschaft der Menschenrechte« in Darmstadt. Mai: Erste Fassung der Flugschrift; Vorbericht von Weidig; 31. Juli: Minnigerode, Schütz und Karl Zeuner holen in Offenbach die gedruckten Exemplare des *Landboten* ab, um sie zu verteilen. 1. August: Verhaftung Minnigerodes mit 139 Exemplaren des *Landboten*; Denunziation durch den Spitzel Johann Konrad Kuhl. Büchner warnt Zeuner, Weidig, Schütz in Offenbach und Frankfurt. Nach der Rück-

Georg Büchner
Porträtzeichnung von August Hoffmann

kehr nach Gießen sind bei ihm seine Papiere durchsucht, sein Schrank ist versiegelt. Von August bis September werden mehrere Mitglieder der »Gesellschaft« verhaftet. Oktober: Büchner arbeitet in einem Laboratorium des Vaters in Darmstadt; Lektüre von Spinoza, Rousseau, Tennemanns Philosophiegeschichte und verschiedenen Darstellungen der Französischen Revolution. Der Versuch, Minnigerode aus dem Gefängnis zu befreien, scheitert. November: Veränderte Neuauflage des *Landboten*.

1835 Januar: Verhöre vor den Untersuchungsrichtern in Offenbach und Friedberg. Ende Januar: Beginn der Niederschrift von *Dantons Tod* (Ende Februar fertiggestellt). 21. Februar: Büchner schickt das *Danton*-Manuskript an seinen Verleger Sauerländer; Ende Februar erhält er eine Vorladung vom Darmstädter Untersuchungsrichter. Anfang März: Flucht aus Darmstadt. 9. März: Flucht über die französische Grenze nach Straßburg. 13. Juni: Steckbrief gegen Büchner erlassen. Juli: *Dantons Tod* erscheint in verstümmelter Form als Buch. Oktober: Beschäftigung mit dem historischen Lenz und Oberlins Aufzeichnungen über Lenz. Niederschrift der Novelle *Lenz*. Im Winter: Naturwissenschaftliche und philosophische Studien. Untersuchung über das Nervensystem der Barben.

1836 13. und 20. April, 4. Mai: Büchner trägt seine Abhandlung *Sur le système nerveux du barbeau* vor der Gesellschaft »Societé d'histoire naturelle« vor. Juni: Arbeit an *Leonce und Lena*. Im Sommer: Büchner bereitet seine Vorlesung *Über die Entwicklung der deutschen Philosophie seit Cartesius* in Zürich vor. 3. September: Aufgrund der inzwischen in den *Mémoires* der naturgeschichtlichen Gesellschaft veröffentlichten Untersuchung über das Nervensystem wird Büchner von der Züricher Universität zum

Dr. phil. promoviert. 18. Oktober: Übersiedlung nach Zürich. 5. November: Büchner hält eine Probevorlesung *Über Schädelnerven*, wird als Privatdozent bestätigt und offiziell in die Fakultät aufgenommen. Herbst/Winter: Büchner arbeitet am *Woyzeck*.

1837 2. Februar: Büchner erkrankt. 14. Februar: Der Arzt Schönlein diagnostiziert Typhuserkrankung. 17. Februar: Die Verlobte trifft aus Straßburg in Zürich ein. 19. Februar: Tod. 21. Februar: Begräbnis auf dem Züricher Friedhof am Zeltberg.

Büchners Weltsicht

In einem Brief vom April 1833 beschreibt sich Büchner als einen jungen Mann, der bereit ist, gewaltsam gegen die herrschende strukturelle Gewalt in der Gesellschaft vorzugehen, aber zur Zeit keinen erfolgversprechenden Angriffspunkt glaubt erkennen zu können:

Strukturelle Gewalt

»Man wirft den jungen Leuten den Gebrauch der Gewalt vor. Sind wir denn aber nicht in einem ewigen Gewaltzustand? Weil wir im Kerker geboren und großgezogen sind, merken wir nicht mehr, daß wir im Loch stecken mit angeschmiedeten Händen und Füßen und einem Knebel im Munde. Was nennt ihr denn *gesetzlichen Zustand*? *Ein Gesetz*, das die große Masse der Staatsbürger zum fronenden Vieh macht, um die unnatürlichen Bedürfnisse einer unbedeutenden und verdorbenen Minderzahl zu befriedigen? Und dies Gesetz, unterstützt durch eine rohe Militärgewalt und durch die dumme Pfiffigkeit seiner Agenten, dies Gesetz ist eine *ewige, rohe Gewalt*, angetan dem Recht und der gesunden Vernunft, und ich werde mit *Mund* und *Hand* dagegen kämpfen, wo ich kann. Wenn ich an dem, was geschehen, keinen Teil genommen und an dem, was vielleicht geschieht, *keinen Teil* nehmen werde, so geschieht es weder aus Mißbilligung, noch aus Furcht, sondern nur weil ich im gegenwärtigen Zeitpunkt jede revolutionäre Bewegung als eine vergebliche Unternehmung betrachte und nicht die Verblendung Derer teile, welche in den Deutschen ein zum Kampf für sein Recht bereites Volk sehen« (5. 4. 1833, *Werke*, S. 248).

Ein Jahr später gesteht Büchner ein, Hass gegenüber denjenigen zu empfinden, die die gesellschaftlich Ohnmächtigen verachten:
»Ich habe freilich noch eine Art von Spott, es ist aber nicht der der Verachtung, sondern der des Hasses. Der Haß ist so gut erlaubt als die Liebe, ich hege ihn im vollsten Maße gegen die, *welche verachten*« (Februar 1834, ebd., S. 254).

Zugleich hat Büchner ein Gefühl des ›Gestorbenseins‹ ergriffen, er brütet vor sich hin, sieht sich zum Stummsein verurteilt:
»Das Gefühl des Gestorbenseins war immer über mir. Alle Menschen machten mir das hippokratische Gesicht, die Augen verglast, die Wangen wie von Wachs, und wenn dann die ganze Maschinerie zu leiern anfing, die Gelenke zuckten, die Stimme herausknarrte und ich das ewige Orgellied herumtrillern hörte und die Wälzchen und Stiftchen im Orgelkasten hüpfen und drehen sah, – ich verfluchte das Konzert, den Kasten, die Melodie und – ach wir armen schreienden Musikanten, das Stöhnen auf unsrer Folter, wäre es nur da, damit es durch die Wolkenritzen dringend und weiter,

weiter klingend, wie ein melodischer Hauch in himmlischen Ohren stirbt? Wären wir das Opfer im glühenden Bauch des Peryllustiers, dessen Todesgeschrei wie das Aufjauchzen des in den Flammen sich verzehrenden Gottestiers klingt? Ich lästre nicht. Aber die Menschen lästern. [...] Meine geistigen Kräfte sind gänzlich zerrüttet. Arbeiten ist mir unmöglich, ein dumpfes Brüten hat sich meiner bemeistert, in dem mir kaum ein Gedanke noch hell wird. Alles verzehrt sich in mir selbst; hätte ich einen Weg für mein Inneres, aber ich habe keinen Schrei für den Schmerz, kein Jauchzen für die Freude, keine Harmonie für die Seligkeit. Dies Stummsein ist meine Verdammnis« (10. 3. 1834, ebd., S. 255).

Es scheint, als habe sich bei Büchner dieses Gefühl breit gemacht, weil er keinen Handlungsraum mehr für sich und die ihm Gleichgesinnten entdeckt:

»Ich studierte die Geschichte der Revolution. Ich fühlte mich wie zernichtet unter dem gräßlichen Fatalismus der Geschichte. Ich finde in der Menschennatur eine entsetzliche Gleichheit, in den menschlichen Verhältnissen eine unabwendbare Gewalt, Allen und Keinem verliehen. Der Einzelne nur Schaum auf der Welle, die Größe ein bloßer Zufall, die Herrschaft des Genies ein Puppenspiel, ein lächerliches Ringen gegen ein ehernes Gesetz, es zu erkennen das Höchste, es zu beherrschen unmöglich. Es fällt mir nicht mehr ein, vor den Paradegäulen und Eckenstehern der Geschichte mich zu bücken. [...] Das *muß* ist eins von den Verdammungsworten, womit der Mensch getauft worden. Der Ausspruch: es muß ja Ärgernis kommen, aber wehe dem, durch den es kommt, – ist schauderhaft. Was ist das, was in uns lügt, mordet stiehlt? Ich mag dem Gedanken nicht wei-

Fatalismus der Geschichte

ter nachgehen. Könnte ich aber dies kalte und gemarterte Herz an deine [der Braut] Brust legen! […] Ich habe nicht einmal die Wollust des Schmerzes und des Sehnens. Seit ich über die Rheinbrücke ging, bin ich wie in mir vernichtet, ein einzelnes Gefühl taucht nicht in mir auf. Ich bin ein Automat; die Seele ist mir genommen. (10. 3. 1834, ebd., S. 256 f.).

Aus diesem Geist wird Büchner schließlich seinen *Danton* konzipieren.

Weitere briefliche Aussagen aus dieser Zeit entsprechen der im Brief vom März 1834 artikulierten Melancholieerfahrung:

»Ich war [in Gießen] im Äußeren ruhig, doch war ich in tiefe Schwermut verfallen; dabei engten mich die politischen Verhältnisse ein, ich schämte mich, ein Knecht mit Knechten zu sein, einem vermoderten Fürstengeschlecht und einem kriechenden Staatsdiener-Aristokratismus zu Gefallen« (April 1834, ebd., S. 259).

Die Melancholie leitet sich aus der Erfahrung ab, nichts ausrichten zu können, weil jede Revolution keine Aussicht auf Erfolg hat, wie er an seine Braut Wilhelmine Jaeglé schreibt:

»Ich würde Dir das sagen, wenn ich im Entferntesten jetzt an die Möglichkeit einer politischen Umwälzung glauben könnte. Ich habe mich seit einem halben Jahre vollkommen überzeugt, daß Nichts zu tun ist, und daß Jeder, der *im Augenblicke* sich aufopfert, seine Haut wie ein Narr zu Markte trägt. Ich kann Dir nichts Näheres sagen, aber ich kenne die Verhältnisse, ich weiß, wie schwach, wie unbedeutend, wie zerstückelt die liberale Partei ist, ich weiß, daß ein zweckmäßiges, übereinstimmendes Handeln unmöglich ist, und daß jeder Versuch auch nicht zum geringsten Resultate führt« (Juli 1835, ebd., S. 269).

In einem Brief an einen unbekannten Empfänger heißt es noch im gleichen Jahre:

»Eine genaue Bekanntschaft mit dem Treiben der deutschen Revolutionärs im Auslande hat mich überzeugt, daß auch von dieser Seite nicht das Geringste zu hoffen ist. Es herrscht unter ihnen eine babylonische Verwirrung, die nie gelöst werden wird. Hoffen wir auf die Zeit! (1835, ebd., S. 269).

Und an Gutzkow schreibt Büchner:

»Die ganze Revolution hat sich schon in Liberale und Absolutisten geteilt und muß von der ungebildeten und armen Klasse aufgefressen werden; das Verhältnis zwischen Armen und Reichen ist das einzige revolutionäre Element in der Welt, der Hunger allein kann die Freiheitsgöttin und nur ein Moses, der uns die sieben ägyptischen Plagen auf den Hals schickte, könnte ein Messias werden. Mästen Sie die Bauern, und die Revolution bekommt die Apoplexie. Ein *Huhn* im Topf jedes Bauern macht den gallischen *Hahn* verenden (1835, ebd., S. 269f.).

Ebenfalls in einem an Gutzkow gerichteten Brief finden sich folgende Überlegungen:

»Die Gesellschaft mittelst der Idee, von der *gebildeten* Klasse aus reformieren? Unmöglich! Unsere Zeit ist rein *materiell*, wären Sie je direkter politisch zu Werk gegangen, so wären Sie bald auf den Punkt gekommen, wo die Reform von selbst aufgehört hätte. Sie werden nie über den Riß zwischen der gebildeten und ungebildeten Gesellschaft hinauskommen. Ich habe mich überzeugt, die gebildete und wohlhabende Minorität, so viel Konzessionen sie auch von der Gewalt für sich begehrt, wird nie ihr spitzes Verhältnis zur großen Klasse aufgeben wollen. Und die große Klasse selbst? Für die gibt es nur zwei Hebel, materielles Elend und *religiöser Fanatismus*. Jede Partei, welche diese Hebel anzusetzen versteht, wird siegen. Unsre Zeit braucht Eisen und Brot – und dann ein *Kreuz* oder sonst so was. Ich glaube, man muß in sozialen Dingen von einem absoluten *Rechts*grundsatz ausgehen, die Bildung eines neuen geistigen Lebens im *Volk* suchen und die abgelebte moderne Gesellschaft zum Teufel gehen lassen. Zu was soll ein Ding, wie diese, zwischen Himmel und Erde herumlaufen? Das ganze Leben derselben besteht nur in Versuchen, sich die entsetzlichste Langeweile zu vertreiben. Sie mag aussterben, das ist das einzig Neue, was sie noch erleben kann (1836, ebd., S. 282).

Materielles Elend und religiöser Fanatismus

Weitere Werke Büchners

Der Hessische Landbote

Vermutlich im März 1834 entwirft Büchner die ›Erste Botschaft‹ des *Hessischen Landboten*. Der Büchner befreundete Butzbacher Rektor Friedrich Ludwig Weidig, der über ausgedehnte Kontakte zu oppositionellen Kreisen im südwestdeutschen Raum verfügte und gerade eine Serie illegaler Flugschriften, den *Leuchter und Beleuchter für Hessen*, herauszugeben begann, überarbeitet in den kommenden Monaten die Flugschrift, die dann im Juli im Druck erscheint. Zwar wird Minnegerode mit 139 Exemplaren des gerade ausgedruckten *Landboten* in Gießen verhaftet, aber trotz der polizeilichen Untersuchungen kam im Herbst die Verteilung des *Landboten* in Gang, und Weidig und Leopold

Eichelberg ließen in Marburg eine zweite, nochmals veränderte Auflage drucken.

Im *Landboten* demontiert Büchner zentrale Begriffe wie den des Staates, der Ordnung und des Gesetzes. So unterminiert er das bürgerliche Politik- und Rechtsverständnis und demonstriert deutlich, wie die verschwindend kleine Gruppe der Fürsten, Vornehmen bzw. Reichen – wie es in den unterschiedlichen Fassungen des *Landboten* jeweils abgeändert heißt – eine zahlenmäßig ihnen so überlegene Gruppe der Untertanen, der Armen bzw. des Volkes ausbeutet. Die Ausbeutung geschieht durch eine Reihe von dem Fürsten ergebenen Dienern, von »Drahtpuppen« und »Werkzeugen« (*Werke*, S. 218), die all dies tun »im Namen des Großherzogs [...], und der Mensch, den sie so nennen, heißt: unverletzlich, heilig, souverän, königliche Hoheit. Aber tretet zu dem Menschenkinde und blickt durch seinen Fürstenmantel. Es ißt, wenn es hungert, und schläft wenn sein Auge dunkel wird. Sehet, es kroch so nackt und weich in die Welt, wie ihr und wird so hart und steif hinausgetragen, wie ihr, und doch hat es seinen Fuß auf eurem Nacken, hat 700 000 Menschen an seinem Pflug, hat Minister die verantwortlich sind, für das, was es tut, hat Gewalt über euer Eigentum durch die Steuern, die es ausschreibt, über euer Leben, durch die Gesetze, die es macht, es hat adliche Herrn und Damen um sich, die man Hofstaat heißt, und seine göttliche Gewalt vererbt sich auf seine Kinder mit Weibern, welche aus eben so übermenschlichen Geschlechtern sind« (ebd.).

Indem Büchner den Dienst gegenüber dem Großherzog als »Götzendienst« bezeichnet, interpretiert er die Auflehnung oder gar Revolution gegen den Herrscher und seinen

Legaler Akt der Revolution

Hofstaat in einen legitimen, ja sogar notwenigen Akt um, denn die Revolution oder das Aufbegehren gegen den gegenwärtigen Zustand der Ausbeutung wäre nur der Versuch, eine gottgewollte Ordnung wieder einzusetzen:

»Wehe über euch Götzendiener! – Ihr seid wie die Heiden, die das Krokodil anbeten, von dem sie zerrissen werden. Ihr setzt ihm eine Krone auf, aber es ist eine Dornenkrone, die ihr euch selbst in den Kopf drückt; ihr gebt ihm ein Zepter in die Hand, aber es ist eine Rute, womit ihr gezüchtigt werdet; ihr setzt ihn auf euern Thron, aber es ist ein Marterstuhl für euch und eure Kinder. Der Fürst ist der Kopf eines Blutigels, der über euch hinkriecht, die Minister sind seine Zähne und die Beamten sein Schwanz« (ebd.).

Büchner spricht den deutschen Fürsten die Legitimation ab und erinnert das Volk daran, dass eigentlich alle Gewalt von ihm ausging und die Gewalt der Fürsten jetzt nur angemaßte Gewalt und folglich widerrechtliche Gewalt ist:

»Die deutschen Fürsten sind keine rechtmäßige Obrigkeit, sondern die rechtmäßige Obrigkeit, den deutschen Kaiser, der vormals vom Volke frei gewählt wurde, haben sie seit Jahrhunderten verachtet und endlich gar verraten. Aus Verrat und Meineid, und nicht aus der Wahl des Volkes ist die Gewalt der deutschen Fürsten hervorgegangen, und darum ist ihr Wesen und Tun von Gott verflucht« (ebd., S. 220).

Für Büchner gilt demnach, »daß Gott alle Menschen frei und gleich in ihren Rechten schuf und daß keine Obrigkeit von Gott zum Segen verordnet ist, als die, welche auf das Vertrauen des Volkes sich gründet und vom Volke ausdrücklich oder stillschweigend erwählt ist; daß dagegen die Obrigkeit, die Gewalt, aber kein Recht über ein Volk hat, nur *also* von Gott ist, wie der Teufel auch von Gott ist, und daß der Gehorsam gegen eine solche Teufels-Obrigkeit nur so lange gilt, bis ihre Teufelsgewalt gebrochen werden kann« (ebd., S. 228). Das Aufbegehren gegen die ungerechten Zustände wäre demnach nichts anderes, als ein Kampf gegen den Teufel, die Revolution kommt nur Gott zu Hilfe und ist kein Teufelswerk, als das sie ihre Gegner darstellen:

»Der Allmächtige, der aus der Einöde ein Paradies schaffen kann, kann auch ein Land des Jammers und des Elends wieder in ein Paradies umschaffen, wie unser teuerwertes Deutschland war, bis seine Fürsten es zerfleischten und schunden« (ebd.).

Dantons Tod

In diesem Geschichtsdrama hält sich Büchner ganz eng an die ihm vorliegenden Quellen: Carl Strahlheims historisches Kompendium *Unsere Zeit*, Adolphe Thiers' *Histoire de la Révolution française*, Merciers *Le nouveau Paris* und Tennemanns einbändige *Geschichte der Philosophie*. Büchner lässt die Handlung seiner ›dramatischen Bilder‹ zu einem Zeitpunkt einsetzen, als Danton bereits alle politischen Aktivitäten eingestellt hat. Er wird wohl noch von seinen Anhängern bestürmt, das politische Konzept seiner Freunde im Nationalkonvent durchzusetzen, aber er zögert, weil er weiß, dass er die Revolution in ihrem Verlauf doch nicht mehr lenken kann. Er fügt sich dem Fatalismus der Geschichte. Er weiß, dass nicht er die Revolution, sondern die Revolution ihn gemacht hat: »Der Mann am Kreuze hat sich's bequem gemacht: es muß ja Ärgernis kommen, doch wehe dem, durch welchen Ärgernis kommt. Es muß, das war dies Muß. Wer will der Hand fluchen, auf die der Fluch des Muß gefallen? Wer hat das Muß gesprochen, wer? Was ist das, was in uns hurt, lügt, stiehlt und mordet? Puppen sind wir von unbekannten Gewalten am Draht gezogen; nichts, nichts wir selbst! Die Schwerter, mit denen Geister kämpfen, man sieht nur die Hände nicht, wie im Märchen« (*Werke*, S. 37).

Robespierre ist Dantons Gegenspieler. Er hetzt das Volk, das bislang von der Revolution nicht wirklich profitiert hat, gegen Danton und dessen Anhängerschaft auf, indem er ihm vorwirft, die Sache der Revolution verraten zu haben. Danton wird von seinen Freunden gewarnt, lässt sich aber nicht dazu überreden, in den Untergrund zu gehen. Er wird verhaftet, vor das Volkstribunal gebracht und in einem

Schauprozess zum Tode durch die Guillotine verurteilt. Danton stirbt als Opfer der Revolution: »Wir haben nicht die Revolution, sondern die Revolution hat uns gemacht.

| Opfer der Revolution |

[…] Es wurde ein Fehler gemacht, wie wir geschaffen wurden, es fehlt uns etwas, ich habe keinen Namen dafür, wir werden es einander nicht aus den Eingeweiden herauswühlen, was sollen wir uns drum die Leiber aufbrechen? Geht, wir sind elende Alchymisten« (*Werke*, S. 29). Danton nimmt sein Tun allenfalls noch als Rollenspiel innerhalb eines festgelegten Geschehensrahmens wahr: »Das ist ganz artig und paßt für uns, wir stehen immer auf dem Theater, wenn wir auch zuletzt im Ernst erstochen werden« (ebd., S. 30).

Danton sehnt sich nach dem Nichts, das ihm allein Ruhe verspricht: »Das Nichts wird bald mein Asyl sein – das Leben ist mir zur Last, man mag mir es entreißen, ich sehne mich danach es abzuschütteln« (ebd., S. 47 f.). Aber selbst das Nichts ist nicht der ersehnte Ruheort, weil es das Nichts nicht gibt: »Im Nichts. Versenke dich in was Ruhigers, als das Nichts und wenn die höchste Ruhe Gott ist, ist nicht das Nichts Gott? Aber ich bin ein Atheist. Der verfluchte Satz: etwas kann nicht zu nichts werden! und ich bin etwas, das ist der Jammer! Die Schöpfung hat sich so breit gemacht, da ist nichts leer, Alles voll Gewimmels. Das Nichts hat sich ermordet, die Schöpfung ist seine Wunde, wir sind seine Blutstropfen, die Welt ist das Grab worin es fault. Das lautet verrückt, es ist aber doch was Wahres dran. […] Wir sind alle lebendig begraben und wie Könige in drei- oder vierfachen Särgen beigesetzt, unter dem Himmel, in unsern Häusern, in unsern Röcken und Hemden. Wir kratzen fünfzig Jahre lang am Sargdeckel. Ja wer an Vernichtung glauben könnte! dem wäre geholfen. Da ist keine Hoffnung im Tod, er ist nur eine einfachere, das Leben eine verwickeltere, organisiertere Fäulnis, das ist der ganze Unterschied!« (ebd., S. 55).

> *Der Tod ist keine Erlösung*

Lenz

Der geistig zerrüttete Sturm-und-Drang-Dichter Johann Michael Reinhold Lenz suchte im Januar 1778 den durch seine philanthropische Praxis wie durch seinen mystischen Pietismus gleichermaßen bekannt gewordenen Pfarrer Johann Friedrich Oberlin im elsässischen Waldersbach auf. Nach zweieinhalb Wochen ließ Oberlin Lenz nach Straßburg überführen. Oberlin verfasste einen Rechtfertigungsbericht über Lenz' Aufenthalt in seinem Pfarrhaus, den Büchner einsehen konnte. Er kannte überdies Werke des Dichters Lenz, dürfte durch Johann Jakob Jaeglé unmittelbare Mitteilungen über Oberlin erhalten haben, die noch durch die Lektüre von Ehrenfried Stoebers Biographie *Vie de J. F. Oberlin* ergänzt werden konnten.

In einem Brief, an die Familie gerichtet, spricht Büchner von dem Plan, »allerhand interessante Notizen über einen Freund Goethes, einen unglücklichen Poeten Namens *Lenz*« (*Werke*, S. 276) zu einem Aufsatz zu verarbeiten, den er in der *Deutschen Revue* erscheinen lassen wolle. Die Arbeiten an dem Aufsatz wurden nicht abgeschlossen, in Büchners Nachlass fand sich ein unfertiges Manuskript, das von Gutzkow im Januar 1839 als »Reliquie von Georg Büchner« im *Telegraph für Deutschland* veröffentlicht wurde.

Die Erzählung ist kein medizinischer Krankenbericht, keine klinische Studie, keine medizinische Diagnose über einen Menschen, »der halb verrückt wurde« (ebd.), wie Büchner an seine Familie schreibt, sondern dadurch dass Büchner eine personale Erzählhaltung wählt, stellt er Innen- und Außensicht eines Menschen dar, der aus dem Rahmen des Normalen herausfällt und immer mehr in die Leere der Welt und seiner selbst zurückfällt und seine Identität verliert.

Mit folgenden Sätzen schließt die Erzählung:

»Am folgenden Morgen bei trübem regnerischem Wetter traf er in Straßburg ein. Er schien ganz vernünftig, sprach mit den Leuten; er tat Alles wie es die Andern taten, es war aber eine entsetzliche Leere in ihm, er fühlte keine Angst mehr, kein Verlangen; sein Dasein war ihm eine notwendige Last. – So lebte er hin« (ebd., S. 89).

Lenz ist eine Figur, für die, wie für andere Gestalten Büchners, die »Welt, die er hatte nutzen wollen, einen ungeheuren Riß hatte, er hatte keinen Haß, keine Liebe, keine Hoffnung, eine schreckliche Leere und doch eine folternde Unruhe, sie auszufüllen. Er hatte Nichts« (ebd., S. 86).

Schreckliche Leere

Woyzeck

In der *Zeitschrift für die Staatsarzneikunde* veröffentlichte Büchners Vater ein *Gutachten über den Gemüthszustand eines Soldaten im Augenblick seines Vergehens im Dienste, durch thätliches Vergreifen am Vorgesetzten.* In derselben Zeitschrift fand Büchner, der während seines Studiums in Gießen das Fach Gerichtliche Medizin belegt hatte, zwei Gutachten von J. C. A. Clarus, in denen dieser die Zurechnungsfähigkeit eines arbeitslosen Soldaten und Perückenmachers mit Namen Woyzeck beurteilt hatte. Gleichsam als wolle er mit seinem Fragment gebliebenen Drama ein Gegengutachten entwerfen, zeichnet Büchner mit seinem Woyzeck eine Figur aus der Unterschicht, die durch die Umstände, unter denen sie lebt, immer mehr die Kontrolle über ihr eigenes Handeln verliert. Woyzeck ist Soldat, verdingt sich aber zu allerlei Nebentätigkeiten, um so für seine Geliebte und sein Kind immer etwas Geld übrig zu haben. Woyzeck schneidet Stöcke, dient seinem zur (satirisch gezeichneten) Melancholie neigenden Hauptmann als Barbier und hat sich zu einem physiologischen Experiment dem Doktor verschrieben, der Woyzeck neunzig Tage lang nur Erbsen essen lässt, um dann zu beobachten, welche Folgen dieses ernährungsphysiologische Experiment hat. Woyzeck leidet immer mehr unter Halluzinationen, er muss erleben, wie ihn seine Marie mit einem Tambourmajor betrügt und dieser ihn in aller Öffentlichkeit lächerlich macht. Woyzeck fühlt sich von Stimmen bedroht, die ihn ›zwingen‹, Marie zu töten. Er begeht den Mord, der aber einem Selbstmord gleichkommt, denn neben ihr hat Woyzeck »sonst nichts auf der Welt« (*Werke*, S. 169).

> »Gegengutachten«

8. Rezeption

Der Büchner-Forschung galt das Werk lange Zeit als unwichtige, wohl gar als verachtenswürdige Nebenarbeit Büchners, als Kunst, die zu deutlich nach Brot ging, als ein Nebenprodukt, eine eilige Übung zur Demonstration der eigenen Finger- bzw. Sprachfertigkeit. Hier schrieb einer nicht des Ruhmes, sondern des Hungers wegen ein Stück, wie man die »Vorrede«, die Büchner *Leonce und Lena* voranstellte, gegen das Stück selbst ins Feld führen konnte.

Friedrich Gundolf sah in dem Lustspiel nichts anderes als einen Rückfall in die bloße Literaturkomödie der Romantik. Es sei ganz und gar papieren, ohne spontane, eigene Einfälle, und bestehe in Gestaltung und Motiven einzig aus »aufgestutzten Literaturschablonen«[10].

Hans Mayer hielt es in seiner Büchner-Monographie für »wenig sinnvoll«, *Leonce und Lena* besondere Beachtung zu schenken, denn es sei »ein Werk gelegentlicher Laune, eines zeitweiligen Konformismus, der aus Geld- und Karrieregründen einen Preis erringen möchte«[11]. Und Mayer fährt fort, dass das Lustspiel eben nicht mehr Konfession sei, sondern das Bekenntnis »weitgehend durch ästhetische Berechnung, Erinnerung an Bildungseindrücke und Arbeit des Kunstverstandes ersetzt« würde.

Auch das Theater zeigte sich lange Zeit an Büchners Lustspiel gänzlich uninteressiert. Erst 1895 erlebte *Leonce und Lena* seine Uraufführung. Es sollte aber noch viele Jahrzehnte dauern, bis dass es sich einen festen Platz neben *Dantons Tod* und *Woyzeck* auf dem Theater erobert hatte.

Wie in Kapitel 6 unterschiedliche Lesarten des Stückes ›durchgespielt‹ worden sind, bleibt es auch den Regisseuren heute überlassen, wie sie eine Inszenierung des Lustspiels anlegen und welche Akzente sie setzen wollen. Vor allem sind es zwei Inszenierungsweisen, die sich in der Theaterpraxis durchgesetzt haben und die Hajo Kurzenberger exemplarisch anhand der Inszenierungen von Jürgen Flimm am Mannheimer Nationaltheater (1973) und Johannes Schaaf bei den Salzburger Festspielen 1975/76 gegenübergestellt hat:

»Schaafs Deutung bleibt [...] zu statisch, fällt auf ein aufklärerisches Komödienmodell des 18. Jahrhunderts zurück, wo der zu entlarvenden, zu korrigierenden Wirklichkeit (König Peter, Hofwelt) die Identifikationsfiguren, die zugleich dramaturgisches Vehikel der Kritik sind, gegenüberstehen (hier die Liebespaare Leonce/Valerio/Lena). Wenn Schaaf am Ende diese Bewertung mit der Thronbesteigung des Leonce umkehrt, die Identifikationsfigur also in die kritisierende verwandelt, ergibt das zwar eine zugespitzte Aussage, aber der Perspektivwechsel bestimmt, da einmalig, nicht das dramatische und inszenatorische Verfahren.

Flimm geht zwar ebenfalls von einer fixen Größe aus: Er definiert nicht nur in der Eingangsszene als Rahmenbedingung des Lustspiels und des in ihm zu Wort kommenden Bewußtseins die Welt des Hofes, wo das Leben ein ›langer Sonntag‹ ist, die Menschen eine ›eigene Sprache‹ sprechen. Aber wie seine Schlußversion oder die ›Lenz‹-Anleihen eindringlich vor Augen führen, läßt er sich auf die Realitäts- und Leiderfahrung der Figuren ein. Ja er forciert sogar die hier angelegten Widersprüche, läßt den Blickwinkel und damit die Einschätzung der Figuren dauernd changieren: Drangsaliert Leonce eben noch sein Opfer Rosetta, darf er im nächsten Augenblick (im darauffolgenden Monolog) seinen Schmerz herausschreien, der ihn selbst als Opfer ausweist. [...] Wie der Regisseur diese Widersprüche forciert, etwa mit Hilfe der suggestiven Präsenz seiner Bilderfindungen [...], ist als ein Verfahren zu beschreiben, für das wiederum Teilhabe die notwendige Voraussetzung der Kritik ist. Genau das aber ist in Büchners Text vorgegeben, nicht zuletzt in seinem entscheidenden ästhetischen Bauprinzip, das wiederum Teil der Kommunikationsstrategie ist: der Zitatmontage.«[12]

9. Checkliste

1. Was befremdet beim ersten Lesen von Büchners Lustspiel?
2. Was erscheint dem Leser bei der Lektüre der Komödie als typisch für eine Komödie?
3. Was wirkt komisch (in der Sprache, in der Anlage der Figuren, in der Konstellation, in der Handlung oder Situation)?
4. Welche Märchenmotive finden sich in dem Lustspiel wieder?
5. Wie lässt sich die Handlung von *Leonce und Lena* in einem Satz bzw. möglichst wenigen Sätzen zusammenfassen?
6. Wenn sich die Handlung auf einen minimalen Kern zurückführen lässt, welcher Art sind die nicht handlungsfördernden Textpassagen? Nennen Sie Beispiele.
7. Wie sieht die Figurenkonstellation aus? Setzen Sie sie in eine Skizze um!
8. Wodurch wirken die Figuren so wenig ›realistisch‹?
9. Warum erscheint die Handlung nicht ›realistisch‹?
10. Welche Figuren sind karikiert?
11. Worauf zielt die Karikatur der einzelnen Figuren?
12. Warum ist König Peter die Karikatur eines absolutistischen Fürsten?
13. Was verweist im Text darauf, dass es sich um die Karikatur der Duodezfürsten im Deutschland der ersten Hälfte des 19. Jahrhunderts handelt?
14. Worunter leidet Leonce?
15. Wie verhält sich Leonce gegenüber Rosetta?
16. Wie unterscheidet sich das Verhältnis Leonce – Rosetta von dem Verhältnis Leonce – Lena?
17. Was ist von Leonces Liebe zu Lena zu halten?

18. Wie unterscheiden sich Valerio und Leonce?
19. Wie wird das Herr-Knecht-Verhältnis (Leonce – Valerio) in dieser und in anderen Komödien dargestellt?
20. Wer wird in dem Stück als Automat gezeigt?
21. Welche Funktion haben die den Akten vorangestellten Mottos?
22. Lässt sich das dem Stück vorangestellte Motto auf dieses selbst beziehen?
23. Inwiefern ist *Leonce und Lena* auch Literatur über Literatur?
24. Was ist mit »Lieutenantsromantik« gemeint?
25. Welche Hinweise erhält man darauf, dass Leonces Selbstmordversuch als Werther-Parodie zu betrachten ist?
26. Was ist mit ›Italiensehnsucht‹ gemeint und wie wird sie in dem Stück parodiert?
27. Wie ist das Stückende zu verstehen?
28. Wie ›zitiert‹ das Stückende den traditionellen Komödienschluss und wie ist dieser Schluss von *Leonce und Lena* zu bewerten?
29. Wie werden die utopischen Elemente in *Leonce und Lena* aufgegriffen und verwandelt?
30. Welche Figuren leiden an der Melancholie?
31. Welche Verbindung lässt sich zwischen Büchners Leben und *Leonce und Lena* herstellen?
32. Welche Verbindung lässt sich zwischen der Weltsicht Büchners und *Leonce und Lena* herstellen?
33. Welche Verbindungen lassen sich zwischen *Leonce und Lena* und den anderen Werken Büchners ziehen?

10. Lektüretipps

zu Georg Büchner

Georg Büchner. Hrsg. von Wolfgang Martens. Darmstadt 1965. (Wege der Forschung 53.)

Georg Büchner I/II. Sonderband Text + Kritik. Hrsg. von Heinz Ludwig Arnold. München ²1982.

Georg Büchner III. Sonderband Text + Kritik. Hrsg. von Heinz Ludwig Arnold. München 1981.

Georg Büchner Jahrbuch. Hrsg. von Thomas Michael Mayer. Frankfurt a. M. (dann Tübingen) 1981 ff.

Georg Büchner. Leben, Werk, Zeit. Katalog der Ausstellung Marburg 1985.

Georg Büchner. Revolutionär, Dichter, Wissenschaftler. 1813 bis 1837. Katalog der Ausstellung Darmstadt 1987.

Hasselbach, Karlheinz: Georg Büchner. Stuttgart 1997. (Literaturwissen für Schule und Studium.)

Hauschild, Jan-Christoph: Georg Büchner. Mit Selbstzeugnissen und Bilddokumenten dargestellt. Reinbek bei Hamburg 1992. (rm 503.)

– Georg Büchner. Biographie. Stuttgart 1993.

Hinck, Walter: Georg Büchner. In: Deutsche Dichter des 19. Jahrhunderts. Ihr Leben und Werk. Hrsg. von Benno von Wiese. Berlin 1969. S. 200–222.

Hinderer, Walter: Büchner-Kommentar zum dichterischen Werk. München 1977.

Interpretationen: Georg Büchner. Stuttgart 1990. (RUB. 8415.)

Knapp, Georg P.: Georg Büchner. Stuttgart 1984.

Mayer, Hans: Georg Büchner und seine Zeit. Frankfurt a. M. 1977.

Poschmann, Henri: Georg Büchner. Dichtung der Revolution und Revolution der Dichtung. Berlin 1983.

Viëtor, Karl: G. Büchner. Politik, Dichtung, Wissenschaft. Bern 1949.

Wittkowski, Wolfgang: Georg Büchner. Persönlichkeit, Weltbild, Werk. Heidelberg 1978.

zu *Leonce und Lena*

Anton, Herbert: Die ›mimische Manier‹ in Büchners *Leonce und Lena*. In: Das deutsche Lustspiel. Hrsg. von Hans Steffen. Teil 1. Göttingen 1968. S. 225–242.

Beckers, Gustav: Georg Büchners *Leonce und Lena*. Ein Lustspiel der Langeweile. Heidelberg 1961.

Berns, Jörg Jochen: Zeremoniellkritik und Prinzensatire. Traditionen der politischen Ästhetik des Lustspiels *Leonce und Lena*. In: Georg Büchner: Leonce und Lena. Kritische Studienausgabe, Beiträge zu Text und Quellen. Hrsg. von Burghard Dedner. Frankfurt a. M. 1987. S. 219–274.

Bornkessel, Axel: G. Büchners *Leonce und Lena* auf der deutschsprachigen Bühne. Diss. Köln 1970.

Dedner, Burghard: Büchners Lachen. Vorüberlegungen zu *Leonce und Lena*. In: Georg Büchner. 1813–1837. Revolutionär – Dichter – Wissenschaftler (Katalog der Ausstellung Mathildenhöhe Darmstadt, 2. August – 27. September 1987). Basel/Frankfurt a. M. 1987. S. 296–305.

– *Leonce und Lena*. In: Interpretationen. Georg Büchner. Stuttgart 1990. S. 119–176.

Drux, Rudolf: ›Eigentlich nichts als Walzen und Windschläuche‹. Ansätze zu einer Poetik der Satire im Werk Georg Büchners. In: Zweites Internationales Georg Büchner Symposium 1987. Referate. Hrsg. von Burghard Dedner und Günter Oesterle. Frankfurt a. M. 1990. S. 335–352.

Fink, Gonthier-Louis: *Léonce et Léna*. Comédie et réalisme chez Büchner. In: Etudes Germaniques 16 (1961) S. 223–234. (Dt. unter dem Titel: *Leonce und Lena*. Komödie und Realismus bei Büchner. In: Georg Büchner. Hrsg. von Wolfgang Martens. Darmstadt ³1973. S. 488–506.)

Gnüg, Hiltrud: Melancholie-Problematik in Alfred de Mussets *Fantasio* und Georg Büchners *Leonce und Lena*. In: Zeitschrift für deutsche Philologie 103 (1984) S. 194–211.

Haida, Peter: Kritik und Satire im Lustspiel. Georg Büchner *Leonce und Lena* / Gotthold Ephraim Lessing *Minna von Barnhelm*. Stuttgart 1989.

Hiebel, Hans H.: Georg Büchners heiter-sarkastische Komödie *Leonce und Lena*. In: Deutsche Komödien. Vom Barock bis zur Gegenwart. Hrsg. von Winfried Freund. München 1988. S. 110–128.

Homann, Renate: Georg Büchners Lustspiel *Leonce und Lena*. Die Hochzeit von Antike und Christentum. In: Poetica 17 (1985) S. 100–130.

Krapp, Helmut: Der Dialog bei G. Büchner. Darmstadt 1958.

Kurzenberger, Hajo: Komödie als Pathographie einer abgelebten Gesellschaft. Zur gegenwärtigen Beschäftigung mit *Leonce und Lena* in der Literaturwissenschaft und auf dem Theater. In: Georg Büchner III. Hrsg. von Heinz Ludwig Arnold. München 1981. S. 150–168.

Martens, Wolfgang: *Leonce und Lena*. In: Die deutsche

Komödie. Hrsg. von Walter Hinck. Düsseldorf 1977. S. 145–159.

Mayer, Hans: Prinz Leonce und Doktor Faustus. In: Hans Mayer: Zur deutschen Klassik und Romantik. Pfullingen 1963. S. 306–314.

Mosler, Peter: Georg Büchners *Leonce und Lena*. Langeweile als gesellschaftliche Bewußtseinsform. Bonn 1974.

Plard, Henri: A propos de *Leonce und Lena*. Musset et Büchner. In: Etudes Germaniques 9 (1954) S. 26–36. (Dt. in: Georg Büchner. Hrsg. von Wolfgang Martens. Darmstadt ²1969. S. 289–304.)

Poschmann, Henri: Kommentar zu Georg Büchner: Sämtliche Werke, Briefe und Dokumente in zwei Bänden. Bd. 1. Frankfurt a. M. 1992. S. 586–674.

Rabe, Wolfgang: G. Büchners Lustspiel *Leonce und Lena*. Eine Monographie. Diss. Potsdam 1967.

Ruckhäberle, Hans-Joachim: *Leonce und Lena*. Zu Automat und Utopie. In: Georg Büchner Jahrbuch 3 (1983) S. 138–146.

Schröder, Jürgen: Georg Büchners *Leonce und Lena*. Eine verkehrte Komödie. München 1966.

Völker, Ludwig: Die Sprache der Melancholie in Büchners *Leonce und Lena*. In: Georg Büchner Jahrbuch 3 (1983) S. 118–137.

Waldmann, Günther: Georg Büchners *Leonce und Lena* als realistische Selbstreductio ad absurdum des Romantisch-Idealistischen. In: Pädagogische Provinz 13 (1959) S. 339–349.

Wawrzyn, Lienhard: Büchners *Leonce und Lena* als subversive Kunst. In: Demokratisch-revolutionäre Literatur in Deutschland: Vormärz. Hrsg. von Gert Mattenklott und Klaus Scherpe. Kronberg i. Ts. 1974. S. 85–115.

Anmerkungen

1 Zusammenstellung nach: Hans-Joachim Ruckhäberle: »*Leonce und Lena*. Zu Automat und Utopie«, S. 138.
2 *Leonce und Lena* wird zitiert nach: Georg Büchner, *Woyzeck. Leonce und Lena*, Stuttgart 2001. Durchges. Ausg. (RUB. 7733.) – Reformierte Rechtschreibung.
 Die übrigen Werke Büchners werden zitiert nach: Georg Büchner, *Werke und Briefe,* nach der hist.-krit. Ausg. von Werner R. Lehmann, komm. von Karl Pörnbacher, Gerhard Schaub, Hans-Joachim Simm und Edda Ziegler, München 1980, S. 76. [*Werke,* Seite.]
3 Hans H. Hiebel, »Georg Büchners heiter-sarkastische Komödie *Leonce und Lena*«, S. 120.
4 Walter Hinderer, »Portrait Büchner«, in: *Deutsche Literatur. Eine Sozialgeschichte,* hrsg. von Horst Albert Glaser, Bd. 6, Reinbek bei Hamburg 1980, S. 315.
5 Henri Poschmann, *Kommentar zu Georg Büchner,* S. 659.
6 Jürgen Schröder, *Georg Büchners »Leonce und Lena«,* S. 53 f.
7 Zit. nach: Wolfgang Martens, *Leonce und Lena,* S. 145 f.
8 Wolfgang Martens, *Leonce und Lena,* S. 158 f.
9 Ebd., S. 154.
10 Siehe Anm. 6.
11 Zit. nach: Martens (Anm. 7), S. 146.
12 Hajo Kurzenberger, »Komödie als Pathographie«, S. 164.